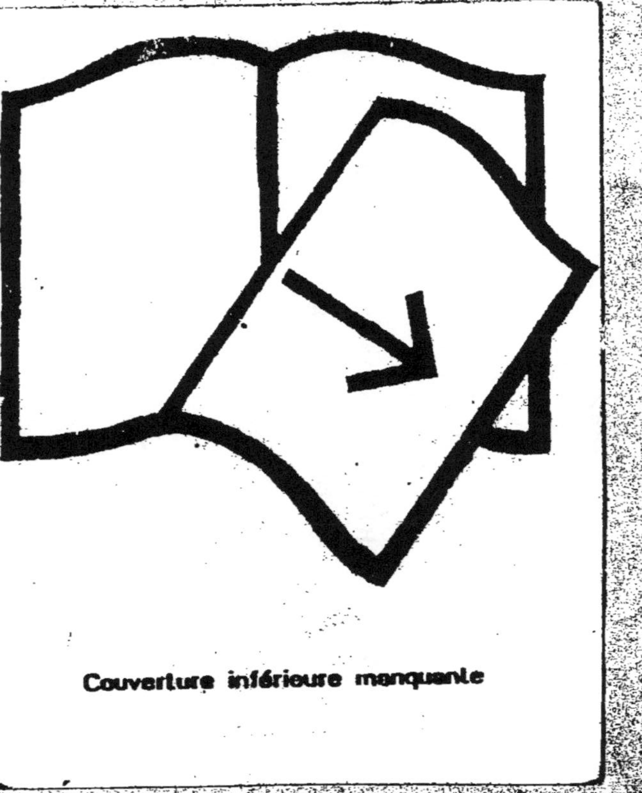

Couverture inférieure manquante

Début d'une séric de doc
en couleur

# LES ANCIENS PLANS DE DIJON





PAR

LUCIEN BONNAMAS

DIJON
IMPRIMERIE JACQUOT & FLORET
12, rue Berbisey, 12

1909

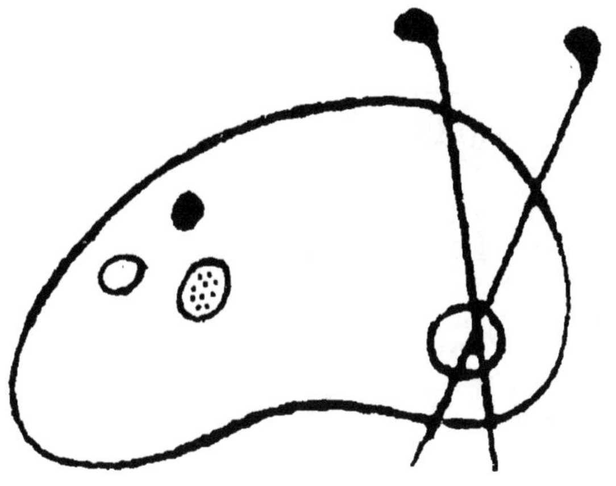

Fin d'une série de documents
en couleur

# LES ANCIENS PLANS DE DIJON

Extrait des *Mémoires de la Société bourguignonne de Géographie et d'Histoire*, tome XXV.

LES

# ANCIENS PLANS DE DIJON

PAR

Lucien BONNAMAS

DIJON
IMPRIMERIE JACQUOT & FLORET
12, rue Berbisey, 12

1909

# J. L. BONNAMAS

L'auteur de cette étude sur les plans de Dijon antérieurs à 1789, M. Jean-Lucien Bonnamas, appartenait à la Société bourguignonne de Géographie et d'Histoire à titre de membre fondateur, c'est-à-dire depuis la création le 6 mai 1881, et en fut plusieurs années secrétaire. Il était né le 7 janvier 1828 à Beire-le-Châtel, canton de Mirebeau, arrondissement de Dijon (Côte-d'Or), de Nicolas Bonnamas, dont la famille avait pour origine la Creuse, entrepreneur de maçonnerie, et de Marie Chambrette. Lucien Bonnamas ne reçut pas d'autre instruction que celle de l'école communale; mais très laborieux, doué d'une mémoire excellente, ne cessant de développer ses facultés et ses connaissances, il parvint à un degré distingué de culture; si les études historiques et géographiques l'intéressaient par-dessus tout, il aimait aussi la littérature et les grands classiques français lui étaient familiers.

A treize ans, il quitta l'école pour travailler avec un parent faisant fonctions d'ingénieur, à la construction du barrage d'Auxonne; à dix-huit, il entrait comme dessinateur dans le service du cadastre, enfin, en 1872, devenait secrétaire-greffier du Conseil de Préfecture de la Côte-d'Or, fonction qu'il remplit avec exactitude et compétence, jusqu'à sa retraite en 1892.

C'était un de ces hommes qui ne sont jamais inactifs et se délassent d'un travail par un autre; ainsi, il employait ses loisirs à la lecture, au dessin, même à la peinture. Il levait et fort bien des plans et on lui doit notamment celui de la Ville de Dijon; œuvre consciencieuse et complète, il servit de base à celui qui, mis à jour, a été publié depuis. C'est là une contribution importante à la connaissance de la topographie dijonnaise; mais il avait fait plus et le dernier travail auquel s'était appliqué M. Bonnamas est un recueil de cinq plans donnant les développements successifs de la ville à travers les âges : *Dijon au* VI<sup>e</sup> *siècle*, c'est la ville romaine, le *Castrum divionense*, tel que nous le connaissons par la description qu'en donne Grégoire de Tours, 539-593, dans son *Histoire ecclésiastique des Francs*, livre III, chapitre XIX. *En l'an 1000*, c'est encore le *Castrum*, mais avec son grand faubourg extérieur à l'est et celui plus ample encore, qui est le bourg Saint-Bénigne, à l'ouest; *En 1400*, nous arrivons au Dijon des ducs de la première et de la seconde race, tel qu'il se présenta lorsque après l'incendie général de 1137, le duc Hugues II eut enveloppé, dans une enceinte continue le *Castrum* demeuré le noyau de la nouvelle ville, et les bourgs adjacents. Sauf la construction du Château, sous Louis XI, et l'annexion à la ville murée d'un triangle à la pointe sud-ouest, cette enceinte sera, jusqu'au milieu du XIX^e^ siècle, celle du Dijon moderne. Au commencement du XV^e^ siècle, le *Castrum* existe encore et ne sera déclassé, dirions-nous, et, sinon détruit, du moins attaqué de toutes parts dans ses parties au-dessus du sol, que sous Philippe le Bon; mais désormais pressé sur tous les points de la périphérie par les constructions publiques et privées, noyé dans les bâtisses nouvelles, il se fond dans la ville médiévale pour reparaître çà et là au cours des âges à l'état de fragments ensevelis. Enfin, un plan d'ensemble superpose toutes ces époques diverses distinguées chacune par un travail spécial.

La Société bourguignonne de Géographie et d'Histoire connaissait et appréciait hautement ce grand travail; il constitue, en effet, un ensemble inestimable pour l'histoire comparée de la ville de Dijon, et il est à souhaiter qu'on le publie un jour. Mais l'œuvre apparaissait au-dessus des capacités budgétaires de la Société, d'ailleurs le format de ses mémoires était trop exigu.

Elle a donc dû, à son grand regret, laisser à

d'autres l'honneur de la publication, et jusque aujourd'hui les travaux laissés par M. Bonnamas sont demeurés en portefeuille. Mais nous avons donc tenu du moins à publier dans nos mémoires l'étude bibliographique, descriptive et critique sur les anciens plans de Dijon antérieurs à 1789, sans nous dissimuler, toutefois, qu'une pareille œuvre demanderait à être illustrée par une documentation graphique donnant les planimétries étudiées. Cela ne lui a pas été non plus possible et après un long, trop long retard, mais qu'expliquent et excusent les circonstances, elle donne le travail de M. Bonnamas. Tel quel, traité avec la compétence particulière de l'auteur, il sera encore précieux pour la connaissance de Dijon ancien aux différentes époques. On y trouvera en abondance des indications utiles et beaucoup de lecteurs, nous n'en doutons pas, se plairont à le lire en commentant le texte par l'étude de ceux des originaux qui existent dans d'autres publications ou dans nos grands dépôts publics.

On nous a fait l'honneur de nous charger de présenter l'œuvre de M. Bonnamas, d'en « procurer l'édition », comme on disait au XVII^e siècle. Nous avons accepté avec plaisir cette occasion de rendre hommage à la mémoire d'un confrère des plus estimés, et qui était doublement le nôtre comme membre de la Société bourguignonne de Géographie et d'Histoire et de la Commission départementale des Antiquités, où il était entré à titre d'associé résidant le 15 mars 1892. C'est en rentrant chez lui le soir, au sortir d'une séance de la Commission, le 16 novembre 1893, que M. Bonnamas fut frappé de mort subite; les funérailles de ce très honnête homme utile eurent lieu le 19, à son lieu de naissance, Beire-le-Châtel.

M. Bonnamas est représenté aujourd'hui à la Société bourguignonne, par son gendre, M. Rodolphe Moser, négociant et consul de la Confédération helvétique à Dijon, qui fut plusieurs années secrétaire et a le titre de membre fondateur.

Tout en respectant l'œuvre de M. Bonnamas et en se permettant seulement quelques coups de plume de pure correction typographique, nous avons cru, étant donnée la trop longue période écoulée, ajouter un petit nombre de notes ayant pour objet de mettre le travail à jour et en concordance avec les faits qui se sont succédé depuis le dépôt du manuscrit. Ces notes sont imprimées en italiques, de manière à n'être pas confondues avec celles de l'auteur.

Henri CHABEUF.

Dijon, janvier 1909.

---

LES

# ANCIENS PLANS DE DIJON

## I

La science de la géométrie appliquée à la mesure du sol et des divisions ou constructions œuvres de l'homme, remonte à l'origine même des civilisations. Sans parler du cadastre des propriétés, notamment de celles qui étaient irriguées ou mises chaque année sous l'eau, comme dans la vallée du Nil, les édifices publics et privés en Assyrie, en Égypte, en Grèce et dans le monde romain, ne se pouvaient élever que sur des plans soigneusement dressés puis reportés sur le terrain. Mais l'art de dresser les cartes des pays eux-mêmes fut longtemps dans l'enfance. Nous ne savons rien de ce plan ou carte de l'Empire qu'Auguste avait fait graver ou peindre dans le portique dit de Pola, édifié par cette sœur d'Agrippa, Pola, après la mort de son frère et dédié par l'Empereur vers 747 de la fondation de Rome. Ce portique était situé au Champ de Mars, au lieu dit le Champ d'Agrippa, près de la voie Flaminia, dans la VII^e des XIV régions de la ville. Mais c'était manifestement une image très peu exacte de l'ensemble des provinces. Ainsi les Romains avaient des cartes imparfaites, si nous en jugeons d'après les descriptions géographiques des auteurs anciens, et que d'ailleurs nous connaissons fort mal. La plus célèbre de celles qui nous ont été conservées, la carte ou plutôt table dite de Peutinger (1), n'est qu'un tracé graphique et tout conventionnel des voies romaines au dernier âge de l'Empire. On l'attribue, en effet, au temps de Théodose I^er, 379-395 ou de son petit-fils Théodose II, 408-450. Pour lever des cartes, les Romains manquaient des instruments nécessaires dont nous disposons depuis des siècles; toutefois, il faut être indulgent aux géographes anciens en pensant aux inexactitudes dont fourmillent les œuvres modernes des XVI^e, XVII^e et même XVIII^e siècles (2). Mettons du reste à l'actif de

(1) Ce document fut découvert à Spire, vers 1500, par Conrad Celtès qui le légua à son ami Conrad Peutinger, dont il prit et conserva le nom. Marc Welser le publia pour la première fois à Venise en 1591, in-4°. La pièce originale, longtemps égarée, fut retrouvée par le prince Eugène de Savoie qui la donna à la Bibliothèque impériale de Vienne, où elle est encore. Sans avoir à recourir aux grandes publications dont a été l'objet la *Table de Peutinger*, on en trouvera quelques reproductions suffisantes à en donner une idée dans l'*Atlas antiquus* de Spruner-Menke, troisième édition de Theodorus Menke; Gotha, Justus Perthes, 1875.

(2) Les cartes dressées d'après les descriptions des deux grands géo-

la science romaine le tracé des routes jetées avec rigidité impeccable à travers les obstacles naturels. Ce serait une étude intéressante à faire que celle des procédés employés par les ingénieurs, mais elle n'est pas de notre sujet.

Si donc les cartes sont imparfaites, les plans où n'interviennent que les simples mensurations géométriques, sont au contraire d'une perfection rare. Et sans doute il fallait des architectes consommés pour dresser le plan d'édifices de forme demi circulaire, comme un théâtre, ou elliptique comme le Colisée. Nous avons une preuve de cette perfection géométrique dans le fameux plan de Rome gravé sur marbre et dont de nombreux fragments recueillis sont incrustés aujourd'hui dans une des parois de l'escalier, au musée du Capitole, à Rome. Ce plan, inestimable contribution à la connaissance topographique de la Rome impériale, figurait sur une des murailles intérieures du temple de la Paix, élevé par Vespasien, 69-79; toutefois il ne donne guère, et à la vérité c'est ce

graphes anciens, Strabon, Ier siècle avant J.-C., et Claude Ptolémée, IIe après, fourmillent d'erreurs. Ainsi Strabon, décrivant les Gaules, fait courir les Pyrénées du nord au sud et semble ignorer la péninsule armoricaine. Ptolémée fait de la mer des Indes une Méditerranée en faisant partir du cap Prasum, en Afrique équatoriale, une terre qui va rejoindre les péninsules indo-chinoises. Pour le dire en passant, il en résulte que Ptolémée ne croyait pas au périple des Carthaginois autour de l'Afrique. Au XVIe siècle, le grand géographe Gérard Mercator est encore rempli d'erreurs ; il y en a même chez d'Anville, au XVIIIe, et même plus tard dans nos cartes d'hier.

qui nous intéresse le plus, que les édifices publics (1).

Mais en fait, les documents graphiques sont rares et le deviennent de plus en plus à mesure qu'on avance dans le moyen âge. Quelques croquis rencontrés çà et là, plans et vues perspectives, surtout cavalières, accroissent souvent les incertitudes plutôt qu'elles ne les dissipent. Quant aux documents écrits, c'est encore pis ; les rédacteurs des pièces conservées aujourd'hui dans les archives, n'ont jamais eu pour objet de fournir des détails de topographie aux chercheurs futurs et il ne les faut pas accuser de ne pas nous avoir donné ce que nous leur demandons aujourd'hui. Faire de la topographie avec les textes seuls est donc bien aléatoire, et il est peu de points qui ne prêtent à la discussion. Ainsi, en nous tenant à la simple histoire dijonnaise, n'a-t-on pas longtemps hésité sur l'emplacement du hameau de Trimolois, si voisin pourtant de la ville ? Eh bien ! les uns le plaçaient au nord d'autres au sud, vers Chenôve ;

(1) Les débris de ce plan qui, manifestement, n'a jamais servi de pavé, ont été retrouvés là où s'élevait le temple de la Paix, en arrière de l'église Saints-Côme-et-Damien, au Forum, qui remplace le temple de Romulus. Et on ne manquait pas de faire ressortir ce qu'il y avait de vraiment romain dans cette idée de placer l'image de l'*Urbs* par excellence, proche le sanctuaire du fondateur légendaire de la petite Rome palatine. C'était sans doute une belle antithèse et un beau trait d'orgueil romain. Seulement, il ne s'agit pas ici de Romulus, le premier roi de Rome, mais du fils de Maxence, et nous sommes au seuil du IVe siècle de l'ère chrétienne, non au début de l'histoire romaine.

cette dernière localisation est certaine aujourd'hui; mais il n'en demeure pas moins difficile de situer exactement sur le terrain cette église Saint-Jacques de Trimolois, depuis des siècles disparue, et dont la Notre-Dame du Marché, plus tard Notre-Dame tout court, ne fut à l'origine qu'une simple succursale urbaine. Et à l'intérieur de la ville, dans le quartier Saint-Michel, où tracerons-nous la ruelle de La Bussière (1)? Que faut-il entendre par le Vieil Castel? Sans doute nous attribuons avec sûreté ce titre à l'ancien Castrum gallo-romain, le noyau de la ville moderne; mais enfin on a pu se demander autrefois s'il ne s'agissait pas de la première résidence ducale, située dans la partie méridionale du Castrum. Et ce premier palais des ducs bénéficiaires, on l'a cru trouver d'abord dans le Palais de Justice actuel; mais il y a une difficulté invincible. Le peu que nous en savons nous le montre appuyé à la muraille du Castrum. Or cela est incompatible avec l'identification proposée puisque en ce cas, il faudrait supprimer la rue Amiral-Roussin actuelle, voie très ancienne, on peut dire immémoriale, une des artères nécessaires

(1) *Pour la ruelle de La Bussière, on la peut identifier avec cette voie indiquée sur le plan de Le Pautre, qui, supprimée aujourd'hui, correspond au passage non public desservant la caserne Dampierre, autrefois des Ursulines, et qui s'ouvre entre les nos 25 et 27 de la rue Buffon. Cela est d'autant plus vraisemblable que ce passage fait à peu près face à la cour ouverte conduisant à une grande et ancienne maison, n° 20 de la rue Buffon, aujourd'hui à M. Bazin, qui semble bien occuper l'emplacement de l'hôtel de La Bussière.*

de l'ancienne ville. L'opinion admise aujourd'hui est que ce premier palais s'étendait entre les rues de l'École-de-Droit et Amiral-Roussin et la muraille du sud, mais en l'état il est impossible d'aller plus loin. Il y a aussi de l'incertitude sur le cours primitif du torrent de Suzon et le tracé des voies à travers le Castrum.

Quoi qu'il en soit, au XVIe siècle, il est certain que l'expression « Vieil Castel » désignait le Castrum. En effet, le plan de Bredin que nous étudierons bientôt, indique sous la lettre X « cinq tours du Vieil Chasteau », au promontoir entre les rues Chabot-Charny et Buffon actuelles. Or aucun doute n'est possible, il s'agit bien des tours gallo-romaines. Il en existe de nos jours trois émergeant encore du sol : rue Buffon 23 — c'est le point marqué par Bredin — rue Longepierre 4, enfin rue Amiral Roussin 23, cette dernière serait la prison plus légendaire qu'historique de saint Bénigne.

Pour en venir à des temps plus proches, il est fâcheux que quand, après le siège de 1513 qui avait fait le vide autour de l'enceinte, et plus tard en 1632, lorsque l'on entreprit d'augmenter les défenses de la ville pour les mettre au niveau des nouveaux procédés d'attaque, on n'ait dressé aucun plan de l'état de choses aboli. Il ne faut pas oublier, en effet, que depuis le désastreux traité de Senlis en 1393, par lequel Charles VIII rendit à Maximilien la Franche-Comté, Dijon était devenu presque ville frontière. Du haut de la tour du palais ducal, en pouvait voir à quelques lieues la colline et l'abbaye de Mont-Roland qui étaient sur le territoire comtois, c'est-à-dire impérial et ennemi. L'état ancien ayant ainsi disparu, nous demeurerons à jamais dans l'incertitude sur nombre de points intéressants. Ainsi ne peuvent être exactement repérés sur le terrain l'emplacement de l'ancienne commanderie de la Magdeleine, nous savons seulement qu'elle s'étendait en dehors et près de la porte Saint-Pierre, à l'ouest, sans doute vers l'entrée de la rue Févret actuelle. Il en est de même de l'église Saint-Nicolas, l'une des plus grandes de la ville, qui s'élevait hors et proche des murs, au nord; probablement sur la partie orientale de la place actuelle de la République, autrefois Saint-Nicolas, mais on ne peut aller plus loin. Notons que cette église à demi ruinée en 1513, en prévision du siège imminent, ne sera définitivement détruite qu'en 1557. Les faubourgs de la ville étaient importants en 1513 et furent longs à se relever, nous en aurons la preuve. C'est alors que disparurent et furent du moins si profondément modifiées que le tracé et les directions sont impossibles à restituer, les rues des *Huiliers*, de *Saint-Antoine*, de *Theuley* (1), d'*Izier*,

(1) Du nom d'une abbaye cistercienne d'hommes, Theolocum, Theuley, située en Franche-Comté, près de Gray (Haute-Saône), de la filiation de Morimond, d'abord du diocèse de Langres, puis, d'après les Almanachs royaux, de celui de Dijon, actuellement dans l'archidiocèse de Besançon.

au faubourg Saint-Michel, à l'est de la ville, l'un des plus considérables; des *Coquins* ou des *Trois Pucelles.* aux *Quarteaux*, de la *Boucherie*, de la *Charmette*, du *Soille*, au faubourg Saint-Nicolas, au nord. D'autres difficultés surgissent quand on veut, à la simple lecture des documents, déterminer les divers changements que le temps et les travaux exécutés par l'homme ont apportés au cours d'eau du Renne ou de Raines (1). Il y a aussi quelques incertitudes sur la configuration du quartier où l'on établira la place Royale, aujourd'hui place d'Armes. Enfin, nous n'avons aucun document antérieur au XVIIe siècle sur le palais ducal (2). Et cela non seulement sur celui des ducs de la première race et des deux premiers de la seconde, mais aussi sur celui que reconstruisit Philippe le Bon. A la vérité, quelques parties et importantes existent encore de ce dernier édifice, insuffisantes toutefois à nous permettre d'en restituer l'ensemble.

(1) Dans sa *Nomenclature historique des communes, hameaux, écarts, lieux distincts, cours d'eau et montagnes du département de la Côte-d'Or*, Dijon, 1861, Joseph Garnier, page 2, adopte la forme Renne. De même dans son *Étude historique sur les fontaines du Renne à Dijon*, Dijon, 1865. Mais la nomenclature des rues maintient la forme Raines.

(2) *Dans le tome XIIIe des Mémoires de la Commission des Antiquités de la Côte-d'O., publié postérieurement à la mort de M. Bonnamas, un grand dessin de Jules Hardouin-Mansart donne l'état du Palais des États et du Logis du Roi — agglomération de bâtiments dont les uns appartenaient au roi, les autres à la province — et de la place Royale à la fin du XVIIe siècle; Jules Hardouin-Mansart, né en 1646, est mort en 1708. Ce dessin permettrait facilement la levée d'un plan; il appartient à la bibliothèque de l'Université à Paris.*

Disons donc, redisons avec M. L. Cyrot, l'auteur des *Anciens plans de Beaune* (1) que « une des« cription si bien faite qu'elle soit ne remplace « qu'imparfaitement une image dessinée » et que « l'étude des vieux titres échappés à la ruine des « temps serait singulièrement facilitée, si l'on pou« vait leur faire application des plans contempo« rains. » Il faut reconnaître que si pour Dijon, il nous reste peu de plans anciens de détail, nous avons cependant quelques images d'ensemble qu'il est intéressant d'étudier et c'est ce que nous allons faire en suivant l'ordre chronologique.

## II

### LE VRAY POURTRAICT DE LA VILLE DE DIION
PAR ED. BREDIN.

Largeur dans l'encadrement 0m40, hauteur 0m29.

Les premières représentations graphiques des villes ne consistaient, au début, que dans des vues cavalières ; encore, les plus anciennes ne remontent-elles pas plus haut que le XVIe siècle. Les exemplaires en seraient même fort rares

(1) L. Cyrot, *Les anciens plans de Beaune* (*Mémoires de la Société d'Histoire, d'Archéologie et de Littérature de l'arrondissement de Beaune*, année 1884).

aujourd'hui, si plusieurs n'avaient été reproduits dans des ouvrages modernes. Ainsi, est-il arrivé pour Dijon; la plus ancienne image, *Le Vray Pourtraict*, est de 1574, et l'œuvre de Édouard Bredin, géomètre et peintre, un de ces hommes propres à beaucoup de choses, comme il s'en rencontrait tant au XVIe siècle. Ainsi Bredin, sur qui, d'ailleurs, nous avons très peu de renseignements, était aussi peintre verrier, et pour son chef-d'œuvre de maîtrise avait exécuté un vitrail, le *Calvaire*, placé à Saint-Michel, dans la cinquième chapelle, au côté de l'Évangile, où quelques parcelles colorées se voient encore dans le haut du fenestrage, entre autres les figures du Soleil et de la Lune qui accompagnent d'ordinaire le crucifix. Bredin fut souvent le collaborateur de « l'architecteur » et « menuisier » Hugues Sambin, ce maître venu de Gray à Dijon. Il a même exécuté pour les meubles composés et exécutés par Sambin des « bronzes », c'est le nom que, au XVIe siècle, on donnait à des panneaux peints, représentant des figures en camaieu imitant le métal.

*Le Vray Pourtraict* figure dans l'ouvrage de Pierre Saint-Julien de Baleure : *De l'origine des Bourguignons et Antiquités des États de Bourgongne, d'Autun, de Châlon, de Mâcon, de l'Abbaye et ville de Tournus*. Paris, 1561, in-folio. Peut-être vient-il de la *Cosmographie universelle* du géographe Sébastien Munster, publiée en 1544, et traduite en français par un compilateur sans grande autorité d'ailleurs, François de Belleforest, né en 1530, mort en 1583. Mais il est possible que *Le Vray Pourtraict* soit tiré d'une *Description de la Ville de Dijon*, par Edouard Bredin lui-même, « géomètre et peintre », Dijon, 1574, la même date, par conséquent, que la gravure sur bois dont il s'agit. Du reste, cette description ne nous est guère connue que par une mention faite par Lenglet du Fresnoy, et manque à la Bibliothèque publique de Dijon. *Le Vray Pourtraict* a été reproduit en fac-similé dans la nouvelle édition de la *Description générale et particulière du Duché de Bourgogne*, par Courtépée et Béguillet, 4 vol., 1847-1848. La première édition est de 1778-1781, Dijon.

Sans être aussi grossièrement dessiné que le prétend J. Goussard, *Nouveau guide pittoresque du voyageur à Dijon*, l'exactitude et l'exécution matérielle en sont médiocres, mais il ne faut pas être exigeant pour les dessinateurs d'autrefois. La vérité est que Bredin n'a nul souci de la perspective, peut-être même l'ignorait-il. Toutefois, il lui faut tenir compte de la nécessité où il se trouvait de mettre tout au même plan pour rendre les choses plus visibles. L'échelle très approximative serait à peu près de 1 à 5,700, mais on ne prendra pas ce mot d'échelle à la lettre pour lui attribuer cette rigueur géométrique à laquelle nous sommes habitués de nos jours. D'ailleurs, seul un plan par terre, en projection, donnera l'image exacte d'une ville avec ses rues, ses édifices et ses cours d'eau. Sans doute, une vue panoramique offre un aspect pittoresque propre à flatter les yeux, mais la valeur documentaire en sera toujours assez faible, parce que le souci de l'arrangement, la vision imparfaite que l'on avait autrefois des choses, l'imprécision des détails, y mettront beaucoup d'à peu près. Il suffit, en effet, de comparer l'œuvre de Bredin avec les documents graphiques anciens et modernes que nous possédons sur nos monuments, de noter la largeur invraisemblable des voies publiques dépassant de beaucoup celle que l'on tolère dans les cartes et plans à petite échelle, pour mettre en quelque suspicion le *Vray Pourtraict*. Malgré ces critiques, ce n'en est pas moins un document à retenir; il donne assez bien l'idée du Dijon de 1574; l'enceinte est correctement tracée et les édifices sont mis, en général, où il faut. Enfin, c'est le seul monument graphique que nous possédions à cette date, et si incomplet qu'il soit, il en dit encore plus que les pièces d'archives. Ne soyons donc pas trop sévères à l'œuvre de Bredin et étudions-la sans parti pris (1).

(1) On peut rapprocher du *Vray pourtraict*, des plans de Paris qui sont de même présentation : celui de Braum, 1530; celui d'Olivier Truschet qui est du temps de Henri II; celui dit de *la Tapisserie*, XVI^e siècle; celui de F. Quesnel, 1608; enfin, c'est sur les mêmes données, mais avec une précision beaucoup plus grande, qu'est établi le plan général dit de Turgot, 1730.

On notera, enfin, que dans le Saint-Julien de Baleure se trouve un

La vue est prise en dehors de la ville et du midi, le nord en haut, elle présente donc l'orientation de nos cartes. Le titre, en caractères romains, est au-dessus et en dehors du cadre. En haut aussi, mais dans l'intérieur du trait carré, sont trois cartouches ornés; celui du milieu, oblong, porte en augustales le nom de DIION; à dextre, dans un ovale fait de ces cambrures saillantes et contournées que l'on nomme en langage ornemental des cuirs, est l'écu de France, entouré du collier de Saint-Michel, — l'ordre du Saint-Esprit ne sera créé par Henri III que le 31 décembre 1578 — et surmonté de la couronne royale fermée. A senestre, est l'écu de la ville mal figuré; Dijon, en effet, portait à l'origine *de gueules plein*, mais Philippe le Hardi y ajouta, en 1391, le chef de ses armes ducales qui sont : *Au premier, d'azur semé de fleurs de lis d'or sans nombre, à la bordure componée d'argent et de gueules*, qui est de Bourgogne nouveau, c'est-à-dire les armes de Philippe le Hardi, fils de France; au deuxième, *bandé d'azur et d'or de six pièces, à la bordure de gueules*, qui est de Bourgogne ancien, c'est-à-dire que ce sont les armes des ducs de la première race, la race capétienne issue du roi de

*Plant et Pourtraict de la ville d'Authun*, en hauteur $0^m41 \times 0^m28$ 1/2, qui, avec plus de précision et la vue étant prise de plus haut — c'est vraiment un plan en relief — est de la même famille que le *Vray Pourtraict de Dijon*. Il n'est pas signé, mais on peut affirmer qu'il est d'une autre main que la vue à vol d'oiseau de Dijon. On remarquera que, suivant l'ancien usage, le nord est au bas de la planche et le midi dans le haut.

France, Robert. Le dessinateur a omis au premier le componé de la bordure et au second au lieu d'un *bandé d'or et d'azur* a mis trois bandes sur champ, ce qui en héraldique n'est pas du tout la même chose. A l'angle supérieur, du même côté, séparée du champ par un double trait, commence la nomenclature des renvois aux lettres du plan; elle se continue et s'achève au bas, du même côté, dans un cartouche isolé de bon style ornemental bourguignon. Au-dessous, dans le champ, on lit en augustales : GEOMETRICE DEPINXIT || EDOARDUS BREDIN 1574. Enfin, au centre, une boussole d'orientation s'inscrit dans un compas largement ouvert; au-dessous est une échelle graduée.

DEHORS DE LA VILLE. — Au débouché de la porte d'Ouche, le grand chemin de Beaune franchit d'abord le fossé rempli des eaux du Renne — Bredin écrit *Reyne* — et sur lequel est jeté un pont-levis, puis rencontre le premier bras de l'Ouche franchi par un pont en pierre de quatre arches; au milieu, du côté d'aval se dresse une croix. Le chemin longe ensuite les bâtiments de l'hôpital du Saint-Esprit et la grande salle de l'Hôtel-Dieu, l'église actuelle, puis arrive au second bras de l'Ouche sur un autre pont de pierre à deux arches avec garde-fous en bois. Il se dirige ensuite vers le sud à travers les cultures et les vignes; c'est donc le tracé actuel de la rue du Faubourg d'Ouche. Le premier bras de la rivière est déjà bordé, sur la rive droite, de maisons faisant face au bastion de Guise et formant le quai actuel des Tanneries. Mais manque encore l'abattoir, la *Tuerie* comme on a dit longtemps à Dijon, qui sera construit en 1538 et, plus ou moins modifié, subsistera jusqu'au milieu du XIX^e^ siècle. Le pont des Tanneries est en bois et à trois travées.

A l'ouest, au milieu des vignes et des terrains vagues, mais beaucoup trop rapproché de la ville, est le prieuré de Larrey, aujourd'hui hameau et écart de Dijon, canton nord. Il forme un enclos quadrangulaire renfermant l'église surmontée d'une flèche et les bâtiments conventuels. Sur l'autre rive de l'Ouche, trop près de Larrey et de la ville, s'étend le vaste enclos de la Chartreuse de Champmol, fondée par Philippe le Hardi pour être le Saint-Denis de sa race comme l'église de Cîteaux, l'abbaye souveraine, était celui des ducs capétiens. Il est de forme sensiblement triangulaire, le côté oriental longe le jardin des chevaliers de l'Arquebuse dont on distingue, reliés par une allée d'arbres, le pavillon et la cible avec le gros mur protecteur en arrière de celle-ci. La porte d'entrée de l'enclos conventuel se voyait encore, il y a peu d'années, sur la très ancienne rue dite dans la nomenclature actuelle : du Faubourg Raines. Les bâtiments claustraux sont séparés du pourpris par un haut mur, l'église à chevet rectangulaire, ce qui est une inexactitude de plus, est surmontée d'une flèche élevée; autour du grand cloître on ne reconnaît pas les cellules dont chacune, comme dans toutes les maisons de l'ordre, formait une maisonnette isolée et complète. Au milieu, sous un édicule protecteur, on devine la grande croix dont subsiste seul le piédestal avec les six statues des Prophètes, le Puits de Moïse, pour conserver à l'œuvre de Claus Sluter le nom sous lequel il est connu dans la nomenclature des chefs-d'œuvre de l'art. L'étang l'Abbé reflète dans ses eaux les rochers des Perrières et laisse échapper le cours du Renne qui baigne d'abord les murs d'un grand clos planté de vignes, passe sous deux ponts, arrive au pied des remparts et, au lieu de pénétrer comme autrefois dans la ville, se déverse dans les fossés ainsi qu'il a été dit. Au sud du long enclos de l'Arquebuse est celui de la Saussaye, puis le terrain dit la Renouillère qui s'étend jusqu'à l'Ouche dont la rive gauche en amont du pont de l'Hôpital est déjà garnie de maisons. Aucune trace certaine du ruisseau des Chartreux qu'il ne faut pas confondre avec le Renne; cependant on peut le soupçonner dans une sorte de dépression qui, du nord-ouest au sud-est, traverse l'enclos monastique; mais dans le travail graphique il n'y a rien qui caractérise un cours d'eau quelconque.

A l'angle nord ouest dans un tohu-bohu montagneux et dominé par un pic abrupt de structure fort dépaysée dans le système orographique de la région, voici la ville forte — c'était officiellement une ville — et le château de Talant; au-dessous, un groupe de bâtisses d'une certaine importance représente trop à l'ouest, le logis de la Toison qui existe encore très modernisé et réduit. Plus à droite, vers l'est, mais infiniment trop proche de Talant, est le village de Fontaine-lez-Dijon, marqué par un édicule surmonté d'une croix et posé sur un pic isolé; il y faut certainement reconnaître le château natal de saint Bernard, qui, la croix le montre, contenait déjà une chapelle consacrée au grand saint bourguignon. Au-dessous, mêlées à des arbres, dévalent les maisons du bourg. Manifestement Talant à quatre kilomètres de Dijon, et Fontaine à trois, sont trop rapprochés de la ville.

En continuant à nous diriger vers l'est, nous rencontrerons derrière le château, une construction isolée, carrée et portant une toiture à quatre pans, c'est le colombier, ainsi qu'elle est qualifiée dans des plans postérieurs. Puis à travers les terrains vagues où s'élèvera au XIXe siècle le quartier Saint-Bernard, n'est pas marquée la source qui, émergeant au nord-ouest de l'ancien cimetière, envoyait ses eaux dans le Suzon, en amont de son entrée dans la ville et se déversait ensuite dans les fossés du château. Le Suzon dont les bords sont encaissés par le travail manifeste de l'homme, est franchi par un pont en bois à quatre sections et servant aux communications entre les faubourgs Saint-Bénigne et Saint-Nicolas. Le plan laisse en dehors la vieille dérivation dite des Terreaux qui courait à l'est puis au sud, à une certaine distance de l'enceinte. Une autre dérivation tout proche des murs alimentait les fossés du château, et, branchée à l'est, ceux de la ville ; l'abondance des eaux paraît fort exagérée comme aussi la largeur des fossés.

An faubourg Saint-Nicolas, une enceinte palissadée enveloppe quelques bâtisses dans lesquelles nous croyons reconnaître, bien qu'un peu trop rapprochée de la ville, l'ancienne léproserie devenue aujourd'hui la ferme de la Maladière.

A l'est et au sud, les parties très restreintes des faubourgs ne présentent aucune construction ; ce ne sont que clos de vignes, jardins entourés de palissades. Le faubourg Saint-Michel, l'un des plus importants de la ville, avait été naturellement le plus sacrifié puisque l'attaque de 1513 se fit de ce côté et ne s'était pas encore relevé sous Charles IX. Il en est de même au sud, où rien n'indique les longues rues depuis longtemps bâties, d'Auxonne, de Longvic et des Moulins.

Enceinte. — La muraille continue commencée au xii$^{e}$ siècle par le duc Hugues II après l'incendie général de 1137, achevée seulement en 1357 sous

Philippe de Rouvres, le dernier duc capétien, est nettement indiquée avec ses fossés, ses tours, ses portes, ses bastions, mais non ses demi-lunes qui remontent seulement au règne de Louis XIII. Entrons maintenant dans quelques détails en partant de la porte d'Ouche : le pont-levis est abaissé, les poutres et chaînes de manœuvre sont très apparentes. Du côté de la ville est une première porte intérieure flanquée de tours; c'était l'entrée primitive avant la construction du bastion de Guise qui engloba dans la ville une parcelle triangulaire demeurée jusque-là extérieure. Par une erreur de dessin, l'une des tours entre lesquelles s'ouvre l'entrée se confond avec celle de Guise qui s'élevait à l'angle sud-ouest des rues actuelles de la Manutention et Monge. C'était une grosse construction demi-circulaire sous laquelle passait le Suzon. Malgré son nom qui remonte manifestement au XVIe siècle, elle est peut-être plus ancienne et a dû être élevée pour couvrir le cheminement naturel qu'offrait à l'ennemi le cours du torrent. Plus haut, en remontant vers le nord, la muraille présentait la tour du Rasoir qui n'a été complètement dénaturée que depuis peu d'années. Peut-être le nom de tour du Rasoir lui venait-elle d'un écuyer de Philippe le Bon, Jean Rasoir. C'est une loi de déformation que le remplacement par un mot connu et voisin, d'une dénomination dont le sens est devenu incertain. La tour dont il s'agit était aussi dite des Granges et il y avait là anciennement une porte ou plutôt une poterne. En continuant de cheminer vers le nord nous rencontrons la tour de Raines ou de Renne par où entrait autrefois dans la ville l'ancien cours d'eau de ce nom, alors qu'il se déversait dans le Suzon, entre les nos 70 et 72 de la rue Monge. De la tour de Renne, qui n'a disparu que vers le milieu du XIXe siècle, le ruisseau passait au nord de l'église Saint-Bénigne en arrosant les jardins de l'abbaye, puis derrière Saint-Philibert, suivait la rue du Tillot où il y avait autrefois un moulin avec son biez; une partie du cours demeuré à sec et peut-être utilisé comme égout, est indiqué par Bredin dans le triangle formé par les rues Cazotte, Saint-Philibert et Monge. Les deux tours du Rasoir et de Renne étaient demi-circulaires, mais Bredin les fait rectangulaires; la seconde est percée d'une porte de proportions notoirement exagérées.

La porte Guillaume flanquée de deux tours est protégée par un ouvrage extérieur, sorte d'enceinte rectangulaire ou berle, mais sans fossés. Un peu plus loin, voici avec ses quatre tours rondes le château, la citadelle de la ville, dont Louis XI résolut la construction dès 1478, l'année par conséquent qui suivit la réunion de la Bourgogne à la monarchie. Le roi voulait sans doute armer contre l'ennemi extérieur une ville qui n'avait pas de citadelle, mais aussi maintenir dans son devoir nouveau Dijon qui n'était pas sans conserver un souvenir affectueux à ses anciens princes, et regrettait son titre de capitale d'un duché indépendant devenu simple province du royaume. C'est pourquoi le château fut aussi bien armé contre l'intérieur que contre l'extérieur; continué assez mollement par Charles VIII, il fut terminé par Louis XII qui mit au boulevard extérieur sa signature héraldique, le porc-épic (1). Au saillant, on voyait porté sur un cygne aux ailes déployées, l'écu d'Engilbert de Clèves, comte de Nevers, qui fut gouverneur de Bourgogne de 1499 à 1506; ainsi à cette dernière date le château était achevé (2).

Les quatre tours circulaires étaient dénommées Saint-Bénigne, Guillaume, Saint-Martin et Notre-Dame. La tour Saint-Martin tirait son nom d'une paroisse rurale disparue, — commune de Dijon, canton nord. Le boulevard ou fer à cheval de l'intérieur est uni à la ville par un simple pont de bois sans garde-fous et posé sur chevalets; il n'y a pas trace de pont levis, mais vers le milieu on voit portée par quatre poutres dressées une sorte de bretèche, manifestement en bois et dont le rôle, isolée comme elle est, semble assez difficile à imaginer.

(1) *Deux de ces porcs-épics sont au musée des cuisines ducales.*

(2) Les lettres patentes ordonnant des levées de deniers pour la construction du château, ont été données à Condé le 5 décembre 1479. Elles sont imprimées au tome XVIII, p. 521, des *Ordonnances des rois de France*, et au tome IV, p. CDVIII, *Preuves de l'Histoire de Bourgogne* de Dom Plancher.

Le fer à eheval de l'entrée est trop étriqué, quant à celui beaucoup plus important de l'extérieur, où, au nord-est, s'ouvrait la porte de Secours, il n'existe pas, bien que la place lui soit réservée par la courbe du fossé. Une telle omission est bien faite pour mettre en garde contre la sincérité du *Vray Pourtraict;* les tours sont crénelées avec machicoulis et hautes toitures coniques; l'appareil en bossages bruts des structures est suffisamment indiqué.

Du château à la porte au Fermerot, extrémité nord de la rue de la Préfecture, autrefois Sainte-Marie, le mur d'enceinte est percé de grandes meurtrières en travers; en rencontre d'abord la tour Poinsard-Bourgeoise, ainsi nommée d'un vicomte maïeur de Dijon, de 1363 à 1364, elle est carrée; puis voici la grosse tour aux Anes par où entrait le Suzon dans la ville; Bredin l'a faite cylindrique, mais ceux qui l'ont vue debout et ils sont encore nombreux à Dijon puisqu'elle n'a été détruite que vers 1857, se souviennent très bien qu'elle était demi circulaire. Plus tard elle fut dite tour de La Tremoille, du nom de ce gouverneur de la Bourgogne qui eut à défendre Dijon contre les Suisses et les Comtois combinés; La Trémoille l'avait sans doute fait réparer puisque l'on y voyait incrustée une pierre portant en relief la roue, sa devise dont l'âme était « Sans sortir de l'ornière »; elle se voit sur un des étendards dans le premier panneau de la tapisserie du siège, au musée de

Dijon, et se rencontre aussi aux bases des pilastres à la porte demi-gothique, demi-Renaissance, de l'ancienne commanderie de la Magdeleine rue Amiral-Roussin, 17. La tour La Trémoille apparaît sur le plan avec une enceinte quadrangulaire jetée en avant, un berle ; on voit par là combien on était soigneux de protéger la pénétration des cours d'eau dans les villes fortes.

Ensuite venait la tour carrée de la porte au Fermerot qui ne fut jamais rouverte depuis le siège de 1513 ; puis le rempart suivait le tracé actuel de la rue du Nord et aboutissait à la grosse tour Saint-Nicolas, de forme rectangulaire et qui n'a été démolie que dans les toutes premières années du XIX^e^ siècle. Mais ce n'était que l'entrée intérieure ; en 1552, sous le gouvernement du duc d'Aumale, gourverneur de Bourgogne (1), on avait ajouté en

(1) Trois princes de la maison de Lorraine se sont succédé dans le gouvernement de Bourgogne au XVI^e^ siècle. Cinquième fils de René II, duc de Lorraine et de Bar, Claude, comte de Vaudemont, d'Aumale et de Guise, né le 20 octobre 1496, s'établit en France avec les titres des comtés de Guise, que François I^er^ éleva au rang de duché-pairie, et d'Aumale, des marquisats de Mayenne et d'Elbeuf. Il avait épousé en 1513 Antoinette de Bourbon, fut fait Grand Veneur, puis gouverneur de Bourgogne par lettres patentes du 3 juin 1543 ; mais François I^er^ ne voulut pas qu'il conservât le gouvernement de la Champagne.

Il mourut en 1550 et son troisième fils Claude II, duc d'Aumale — François I^er^ avait érigé en duché le comté d'Aumale, en Normandie — né en 1526, Grand Veneur, eut le gouvernement de Bourgogne le 16 juin 1550, à la mort de son père, et fit son entrée à Dijon le 31 décembre suivant. Il fut tué d'un coup de canon, au siège de La Rochelle, le 14 mars 1573. Il eut pour successeur, dans le gouvernement de Bourgogne, son neveu, le troisième fils de François de Guise. Charles, marquis de Mayenne, né le 26 mars 1554, eut ses provisions de gouverneur le 7 mai 1573, fut fait duc et pair en juin, puis amiral et grand chambellan ; il ne fit son entrée

avant de la porte un grand bastion dont la pointe en angle aigu très ouvert était dirigée vers le nord-est. Une première porte extérieure, bien défendue, s'élevait sur l'emplacement du square occidental de la place de la République, à l'ouest par conséquent de la grosse tour de l'enceinte. La porte extérieure disparut en même temps que la tour, mais du bastion éventré subsista du côté de la ville jusque vers 1847 le mur extérieur en maçonnerie à bossages. L'emplacement forme aujourd'hui la place de la République, dont le plan a été plusieurs fois modifié.

Entre les portes Saint-Nicolas et Chanoine, extrémité de la rue Jeannin, cette dernière fermée en 1513 et rouverte seulement au XVIII^e siècle sous le nom de porte Bourbon et devenue la Porte-Neuve, le rempart s'étendait en ligne droite renforcé à son centre d'un ouvrage rectangulaire remplaçant la tour Quarteaulx, et qui correspondait à l'arrière-

de gouverneur que le 25 juillet 1574. On n'a pas à rappeler ici son rôle politique et militaire ; il fut remplacé comme gouverneur, en 1595, par le maréchal de Biron, et fut tué, au siège de Montauban, le 4 octobre 1621, sans laisser postérité de son mariage contracté en 1576 avec Henriette de Savoie, marquise de Villars, comtesse de Tende et de Sommariva, veuve de Melchior des Prey, seigneur de Montpezat, sénéchal du Poitou.

Nous ne savons sur quels documents s'appuie Courtépée, nouvelle édition, I, p. 404, pour dire que le duc d'Aumale logeait à un hôtel de Guise, construit par son père et proche la tour du même nom. Serait-ce la vieille maison de la rue de la Manutention qui présente une si belle lucarne datée de 1580 ? Mais rien n'établit que ce logis eût été construit par et pour les Guises qui, comme les autres gouverneurs de la province, devaient habiter le Palais ducal devenu le Logis du Roi.

façade de l'hôtel de Bretenières actuel; c'était l'aide de Saulx qui, transformé en habitation avec jardin, a disparu vers 1889 quand ont été nivelé le rempart et entreprise la construction du lycée actuel.

Immédiatement après la porte Chanoine s'étendait le bastion de Saulx construit en 1558, à peu près de mêmes forme et superficie que le bastion Saint-Nicolas. Il sera transformé au XVIIIe siècle en un grand jardin particulier privé planté de beaux marronniers, dont quelques-uns conservés font perspective à la longue rue Jeannin. La maison d'habitation qui fut longtemps en ce siècle l'hôtel de la Trésorerie générale, existe encore, mais l'ouvrage nivelé a fait place à un quartier moderne. On remarquera que par une inexactitude de plus Bredin donne au front oriental du bastion de Saulx une figure brisée, ce qui n'était pas. L'aide et le bastion de Saulx devaient leur nom à Gaspard de Saulx-Tavanes, maréchal de France, amiral des mers du Levant, lieutenant général en Bourgogne, dont l'hôtel encore existant mais très modernisé, s'étend de la rue Vannerie n°15 à l'ancien rempart, et à son frère Guillaume de Saulx-Tavanes, conjointement avec lui lieutenant général.

Entre le bastion de Saulx et la porte Saint-Pierre, s'étend le rempart dit plus tard des Ursulines; Bredin le montre d'un bel appareil à créneaux; la courtine présente une seule tour, celle de La Bussière, dont quelques traces se sont vues longtemps dans la construction moderne qui l'a remplacée. Le rempart des Ursulines a été détruit en 1867 pour faire place à la rue Berlier. A l'extrémité de la rue Chancelier L'Hospital actuelle, il était percé d'une porte, la porte Neuve, fermée en 1513 et rouverte seulement vers 1850 au moyen d'une voûte pratiquée sous la courtine. C'est alors que la rue Chancelier-L'Hospital eut communication directe avec l'extérieur et se prolongea dans la rue de Mirande.

De la porte Saint-Pierre, à plein cintre et flanquée de deux tours, l'emplacement exact est marqué par ce pilier de style Louis XVI, debout à l'angle de la rue Chabot-Charny et du rempart du midi, qui s'est appelé, au XVIIIe siècle, le « Beau rempart » et au XIXe le rempart de Tivoli. Mais c'était la porte de l'enceinte médiévale, celle qui vit le siège de 1513. Le gouverneur de Bourgogne Louis de La Trémoille (1), qui avait été pourvu en mai 1513, le siège est du mois de septembre suivant, reconnut, la tourmente passée, que Dijon, ville-frontière, était insuffisante comme place forte de seconde ligne, les places de la Saône formaient la première, et fit élever, dès 1515, en avant de

(1) Louis de La Trémoille, un des meilleurs capitaines et des plus sages politiques de son temps, fut tué le 24 février 1525 à la bataille de Pavie, et inhumé à Thouars.

l'ancienne porte conservée, un fer à cheval en belle maçonnerie à bossages. Bien entendu, l'entrée n'était pas sur le même axe mais tournée vers l'ouest, faisant face au débouché de la rue Févret actuelle. Le plan de Bredin montre le pont-levis abaissé; au dehors, on voit un bâtiment carré qui peut être un corps de garde ou un bureau de péage. Un chemin couvert enveloppe le fer à cheval; il est bordé de fortes palissades ouvertes sur deux points qui correspondent aux deux rues d'Auxonne et de Longvic, amorces des routes d'Auxonne et de Seurre. Aucune construction, du reste, n'est indiquée sur ces points, ainsi le faubourg n'était pas encore sorti des ruines de 1513. Le fer à cheval Saint-Pierre ne fut détruit que sous la Restauration.

De la porte Saint-Pierre au bastion de Guise, l'enceinte est sensiblement en ligne droite et court de l'est à l'ouest; cette portion des remparts s'est conservée la dernière et n'a été abaissée que plusieurs années après la guerre de 1870. Si l'ample bastion de Guise est encore debout, c'est parce qu'il sert de passage à la grande voie ferrée de Paris à Lyon et à la Méditerranée par la Bourgogne. Mais les plus vieux Dijonnais n'ont conservé aucun souvenir par eux-mêmes ou par tradition, de la tour que Bredin y dresse à l'angle du sud-ouest. L'auteur donne aussi à la gorge deux rentrants qui n'existent pas ; en revanche, il n'indique pas le gros écu aux armes de France qui se voyait à l'angle du sud-ouest.

Revenant à la porte Saint-Pierre et suivant la courtine, nous rencontrons de larges embrasures et un crénelage, puis la tour Saint-André que Bredin fait carrée, mais qui était demi-circulaire, enfin au débouché de la rue du Chaignot, un petit bastion rectangulaire qui remplaçait la porte Fondoire murée en 1513.

Ainsi les fortifications de Dijon ne se composaient en 1574 que d'une chemise de murailles avec tours et bastions, mais sans ouvrages avancés. Chose singulière, on ne distingue aucune trace de cette défense extérieure à l'angle sud-ouest de la ville, qui, développée, sera plus tard la contregarde du bastion de Guise. Il est difficile aussi de reconnaître si la paroi intérieure des murailles avait déjà reçu ce talus qui existe encore sur un point, dans la partie qu'épouse la chaussée du chemin de fer au rempart dit de la Miséricorde, entre les portes d'Ouche et Guillaume, près de la première. Cependant, le travail avait été commencé dès le lendemain du siège de 1513 et on y employa les matériaux provenant des faubourgs détruits. A la hauteur de l'abbaye de Saint-Bénigne, les jardins de celle-ci arrivent au pied du rempart, qui est soutenu par des contreforts; le terrain, en cet endroit était fait d'alluvions et de boues solidifiées autrefois déposées par le Renne.

Enfin, on remarquera que sur aucun point des murailles on n'aperçoit ces guérites en pierre de taille et coiffées d'une calotte demi-sphérique, dont deux exemplaires s'étaient conservés jusqu'à la démolition des remparts; l'un, près du bastion de Guise, au rempart dit de Tivoli; l'autre en haut de la montée qui de la porte Neuve, ancienne porte Chanoine, conduisait au rempart Saint-Nicolas. On en peut conclure qu'elles dataient des réfections du XVIIe siècle. Nous les trouverons sur le plan de Le Pautre.

Intérieur de la ville. — Dijon était divisé en deux parties par le cours du Suzon, alors pérenne — toutefois le débit, surtout en ce qui concerne l'alimentation des fossés, avons-nous dit, paraît fort exagéré — et presque partout à découvert. Entré en ville par la tour aux Anes ou de La Trémoille, il actionnait sur la place actuelle de la Banque un moulin reconnaissable dans un bâtiment jeté en travers du courant; pourtant, le dessinateur n'a pas représenté la roue très visible dans l'autre moulin situé près de la sortie du torrent. Un pont jeté dans la traversée de la place de la Banque, faisait communiquer les quartiers de l'est et de l'ouest. Le Suzon longeait ensuite l'enclos des Jacobins, dont il était séparé par une ruelle étroite, que l'on ne distingue pas sur le plan. Il traversait la rue Musette, sous un pont voisin des latrines publiques établies en 1429, atteignait la rue des Forges, coulait parallèlement à la rue de la Grande-Boucherie ou du Bourg, coupait la rue Poulaillerie (Piron), longeait la rue Chapelotte (Berbisey) et, par un tracé peu exactement déterminé sur le plan, traversait la petite place du Pont-Arnault — devant l'hôtel actuel des Facultés — recevait autrefois le Renne et sortait de la ville en passant sous la tour de Guise, entre la porte d'Ouche et le bastion de Guise; c'est encore le cours actuel du Suzon, quand il a de l'eau.

Dans le quartier à l'ouest sur la rive droite, voici le pourpris des Dominicains que l'on nommait en France les Jacobins (1), avec l'église conventuelle et les jardins avoisinant la Poissonnerie; l'hôtel de Rochefort; la maison et la chapelle du grand prieuré chef d'ordre, le Val des Choux, rue Saint-Jean, plus tard de l'Oratoire, aujourd'hui Bossuet. A l'angle des rues Guillaume et des Champs — partie de la rue de la Liberté actuelle et rue des Godrans — voici le grand logis du Miroir (2), moi-

(1) Parce que leur première maison de Paris était située rue Saint-Jacques.

(2) On a longtemps cru que la maison du Miroir tirait son nom de l'abbaye cistercienne du Miroir, *Miratorium*, au diocèse de Lyon, puis de Saint-Claude. Les titres mis au jour par M. Joseph Garnier, archiviste départemental, ont prouvé que c'est une erreur, jamais l'abbaye du Miroir n'a possédé le logis d'origine ducale dont le nom vient probablement, comme pour les autres maisons de la ville, au temps où la désignation par le numérotage était inconnue, d'un détail de sculpture non visible dans les dessins.

V. *La Maison du Miroir*, par Joseph Garnier (*Mémoires de la Commission des Antiquités*, t. XIII).

tié maison d'habitation, moitié forteresse; on l'appelait aussi maison des Chartreux, parce que ceux-ci l'avaient acquise en 1413; elle présentait au premier étage une suite de fenêtres en arcs brisés et au-dessus un haut pignon de pierre avec rampants en escalier. Démolie en 1767 et remplacée en retraite par une maison moderne, elle nous est connue par des dessins d'architecte exécutés avant la destruction. De l'ordonnance ancienne on ne distingue dans le VRAY POURTRAICT que l'escalier de quelques marches jeté en avant de la porte, ouvrant à l'angle sud-est.

La place du Morimond, ainsi nommée de l'hôtel voisin de l'abbaye de Morimond, au diocèse de Langres, quatrième fille de Cîteaux (1), une des plus vastes de la ville et dont la forme n'a pas changé, servait aux exécutions et on y voit dans le VRAY POURTRAICT une croix accostée des deux figures de la Vierge et de saint Jean, un échafaud, une potence avec un pendu et une roue. L'église Saint-Jean, la seconde paroisse en dignité de la ville, se montre avec son abside carrée, ses deux tours dressées aux angles du transept et du sanctuaire, sa haute flèche de croisée, enfin son cimetière qui s'étend au sud. Un peu à l'ouest, voici la vieille église Saint-Philibert, avec son aiguille de

(1) L'hôtel de Morimond fut aliéné de bonne heure; il correspondait au n° 17 de la rue Monge actuelle; en arrière, au fond d'une impasse, subsiste encore un cellier de type cistercien du XIII<sup>e</sup> siècle.

pierre élevée en 1513 et encore toute gothique; le dessinateur a exprimé les choux ornementaux qui saillissent aux arêtes, et la tourelle où tourne la vis de l'escalier.

Saint-Bénigne (1) se présente avec ses deux tours à toits coniques et sa haute flèche de transept. Il est difficile de reconnaître en arrière du sanctuaire dans un petit bâtiment insignifiant et carré, la fameuse rotonde, le Vieux Saint-Bénigne, élevé au XIe siècle, par l'abbé Guillaume sur le modèle, croyait-on, du Saint-Sépulcre. Cette rotonde, un des monuments les plus vénérables par l'antiquité, des plus rares pour la structure de la France religieuse, a été rasé à la Révolution; seul l'étage souterrain comblé, non détruit, a pu être restauré et conservé. Tout au plus, dans le dessin d'Edouard Bredin, pourrait-on retrouver l'annexe rectangulaire de la rotonde et, encore plus ancienne, la chapelle Saint-Jean-Baptiste.

Le vaste enclos abbatial, avec son cloître au nord, ses jardins, ses bâtiments divers, s'étend à l'est jusqu'à la rue Guillaume, partie haute de la rue de la Liberté; à l'est, jusqu'à la rue du Chapeau-Rouge, le nom d'une maison, sans doute une

(1) Saint-Bénigne, l'église de la grande abbaye bénédictine de ce nom, fondée vers 530, aujourd'hui cathédrale, est une église de la fin du XIIIe siècle et du commencement du XIVe, élevée par l'abbé Hugues d'Arc, pour remplacer l'église romane construite de 1001 à 1018 par le Vénérable abbé Guillaume, écroulée dans la nuit du 21 février 1271. C'est, depuis la Révolution, la cathédrale.

hôtellerie désignée par cette enseigne, dans lequel il serait peut-être téméraire de voir une allusion à un chapeau de Cardinal. Cependant la chose est possible; la rue pratiquée par un retranchement de l'enclos conventuel, s'appela d'abord rue Bataillère; peut-être le nouveau nom lui vint-il d'une enseigne « Au Chapeau Rouge », c'est-à-dire au chapeau cardinal, en l'honneur de Claude de Longwy, cardinal de Givry, le XCII[e] évêque-duc de Langres, abbé de Saint-Bénigne, le LXXXVIIe, de 1541 à sa mort, en 1561. Quoi qu'il en soit, le nom est celui d'une très ancienne hôtellerie, dont le nom a été transféré rue Saint-Bénigne.

L'enclos abbatial est bordé de maisons particulières tant sur la rue Guillaume que sur celle du Chapeau-Rouge; c'est là une des conséquences économiques du siège; en effet, les faubourgs incendiés ne furent rétablis que très lentement, comme on l'a vu, et la population en reflua dans la ville; c'est alors que pour la loger, les religieux construisirent des maisons de rapport en bordure de leurs enclos, maisons qu'ils donnèrent à cens. Le clergé régulier devint ainsi un grand propriétaire urbain.

Dans la rue Saint-Philibert, le dessinateur réduit notablement le pourpris du Petit-Cîteaux, la résidence de ville des abbés-généraux. Leur hôtel s'élevait autrefois hors des murs, sur l'emplacement de l'abattoir actuel, c'est-à-dire au sud du bastion de Guise, et une rue y conserve encore le nom de Cîteaux; mais cette demeure ayant été ruinée dans les guerres du XIVe siècle, les abbés transportèrent leur résidence à l'intérieur. La ville acquit le terrain en 1359 et donna en échange un vaste emplacement rue du Cloître, aujourd'hui Saint-Philibert. Disons en passant que les bâtiments du Petit-Cîteaux existent encore; bien que modernisés à plusieurs reprises, ils n'ont rien de conforme aux idées de magnificence qu'éveille le nom de l'abbaye chef d'ordre.

Sur la rive gauche du Suzon, où s'étendait l'ancien bourg Saint-Bénigne, voici, en partant du nord, le vaste enclos du Petit-Clairvaux, la maison de ville des abbés de cette illustre abbaye, la troisième fille de Cîteaux, fondée par saint Bernard. On distingue la chapelle, depuis longtemps démolie, et des bâtiments divers de forme assez indéterminée; mais rien ne révèle ce grand cellier à deux étages voûtés formant deux nefs, réplique contemporaine et réduction de l'immense construction de la fin du XIIe siècle, encore debout parmi les bâtiments modernes de Clairvaux. Le cellier dijonnais est un précieux type de l'architecture cistercienne.

L'enclos de l'hôtel sera diminué par des rues qui l'ont coupé à la Révolution, mais quelque chose subsiste encore des anciens bâtiments avec croisées du commencement du XIVe siècle.

En cheminant vers l'est, voici au carrefour dit

immémorialement des Cinq Rues que traverse la rue Saint-Nicolas, aujourd'hui Jean-Jacques-Rousseau, un piédestal portant une croix dont le crucifix est accompagné de deux figures debout, la Vierge et saint Jean. Puis tout auprès, la nouvelle église Saint-Nicolas, qui remplace, mais moins ample et moins riche, la paroisse extérieure. Il n'en subsiste plus que le clocher carré du XVIe siècle, et faisant perspective à la rue du Vieux Marché, aujourd'hui Proudhon, où le *Vray Pourtraict* montre un gibet avec son pendu. Dans la rue parallèle du Pilori, partie médiane de la rue Jean-Jacques-Rousseau, on voit l'édicule du Pilori. Entre les rues du Pilori et de l'Archerie, plus tard Saint-Martin (1), rien ne distingue des habitations privées, le grand marché couvert, les Halles Champeaux.

De l'église Notre-Dame, la première en dignité des sept paroisses dijonnaises (2), Bredin nous montre le transept, le sanctuaire et la tour de la croisée, un peu trop volumineuse, avec ses tourelles d'angles et la flèche surmontant le toit quadrangulaire. Au sud, c'est le palais ducal, depuis l'annexion de la Bourgogne, le Logis ou la Maison du Roi. Il se compose surtout d'un bâtiment très massif, celui qui existe encore avec la salle dite

(1) *Aujourd'hui Auguste-Comte.*

(2) Notre-Dame, Saint-Jean, Saint-Michel, Saint-Médard, Saint-Nicolas, Saint-Pierre et Saint-Philibert.

des Gardes, mais remanié et modernisé sur la face méridionale. La tour en saillie sur celle-ci, est la cage d'un escalier qui a disparu dans les agrandissements et les travaux des XVIIe et XVIIIe siècles. A l'ouest se dresse la haute tour de la Terrasse encore existante et intacte. Au sud s'étend la petite place Saint-Christophe absorbée depuis par la place Royale, aujourd'hui place d'Armes. Elle communique avec la rue du Bourg par une ruelle étroite, et avec la rue des Forges, par une autre ruelle correspondant à la rue Porte-aux-Lions actuelle. A l'ouest de la place Saint-Christophe s'étendait l'ample pourpris de l'hôtel de Langres, maison urbaine des évêques-ducs. On sait que jusqu'au XVIIIe siècle, époque où fut établi l'évêché de Dijon, en 1731, Dijon faisait partie du diocèse de Langres. Sur la ruelle communiquant avec la rue des Forges s'élevait l'hôtel Royer, en partie emporté au XVIIIe siècle par le percement de la rue Condé. Quelque chose en existe encore rue Porte-aux-Lions (1).

La Sainte-Chapelle élevée à l'est du palais est unie à lui. Elle n'existe plus, mais nous la connaissons bien par les dessins et les plans ; or, le monument

(1) *On y voyait naguère dans une niche trilobée du XVe siècle, une belle Vierge de l'école bourguignonne, que M. Louis Courajod a conquise pour le Louvre. Les artistes, les archéologues, les amis du vieux Dijon, regretteront toujours que la ville n'ait pas su conserver dans son cadre ce joli morceau d'art bourguignon qui perd beaucoup de sa valeur au Louvre où il n'est plus qu'un bibelot comme un autre.*

tel que nous le présente Bredin est d'une certaine fantaisie, bien que l'on y retrouve à la rigueur les deux tours inégales de la façade et la haute flèche de la croisée; mais l'aiguille ne porte pas comme un anneau passé à mi-hauteur, cette couronne ducale qui lui donnait une si fière, une si noble allure féodale et princière. Au nord-est, voici l'ancien hôtel du chancelier Nicolas Rolin, devenu au commencement du XVIe siècle la Maison de Ville, il fait face à la rue Ramaille, partie inférieure de la rue Jean-Jacques-Rousseau; là aussi sont les prisons de la ville. L'hôtel Rolin est aujourd'hui celui des Archives départementales. On distingue la porte du sud encore existante sur la rue Longepierre actuelle. La rue du Cloître, Lamonnoye aujourd'hui, se montre étroite et plutôt tortueuse.

Une ruelle longeant le jardin de l'hôtel de Langres, et qui élargie deviendra la rue Vauban autrefois Saint-Fiacre, conduit à la très petite place où s'élevait l'hôpital de ce nom. L'agglomération des bâtiments constituant le palais du Parlement et la Chambre des Comptes, est sommairement et confusément indiqué. Par contre on reconnaît très bien la commanderie de la Magdeleine avec son église à abside carrée encore debout quoique extérieurement dénaturée, et son clocher avec flèche en charpente. Cette commanderie fut élevée de 1515 à 1520, au Meix-Magny, pour remplacer la maison sise au faubourg Saint-Pierre, et détruite en 1513. Rue Berbisey, dans cette partie qui se nommait alors rue Chapelotte, la Chapelle aux Leriche dite par corruption Chapelle aux Riches, ne se distingue en rien des habitations particulières. A vrai dire, cette collégiale et sa chapelle étaient peu importantes. Notons que l'extrémité sud de la longue rue Berbisey actuelle, se nommait rue Maison-Rouge, anciennement rue du Prévot-Guillaume.

Dans ce quartier près d'un pont de deux arches jeté sur le Suzon, le pont Arnault où se trouvait le moulin dont il a été parlé, s'étendait le pourpris des Carmes. La première installation de ceux-ci à Dijon avait été d'abord rue Saint-Jean (Bossuet), puis dans le quartier de la Porte au Fermerot, haut de la rue de la Préfecture; enfin, en 1371, fut créée rue Gauche, Crébillon aujourd'hui, la maison conventuelle dont l'emplacement fut occupé au XIXe siècle par les Dames de la Visitation. Plus tard, en 1653, au pied du bastion de Guise, s'établirent les filles de Notre-Dame du Refuge, ordre de Saint Benoît. Dans le *Vray Pourtraict* cet espace est en grande partie occupé par des jardins; il en est de même des emplacements qui recevront au siècle suivant le couvent des Carmélites et l'abbaye des Bernardines de Tart transférée en ville; c'est aujourd'hui l'hospice Sainte-Anne.

En nous dirigeant vers l'est, voici le grand enclos des Cordeliers qui s'étendait depuis la place de ce nom au rempart du sud. L'église, qui était importante et n'existe plus, est parfaitement visible. Comme presque toutes celles de Dijon, elle était surmontée d'une tour à pyramide aiguë; aucune ville française ne présentait alors un tel hérissement de « pointes en l'air », comme on disait; aussi rapporte-t-on que le fait avait frappé Henri IV. L'immense enclos des Cordeliers a été coupé en 1791, par les rues Turgot et Franklin. A la suite était l'hôtel d'Auberive, abbaye cistercienne au diocèse de Langres, les jardins bordaient la rue appelée aujourd'hui du Rempart. A l'entrée de la rue Saint-Pierre (1) actuelle, est l'église de ce nom, qui sera démolie la première à la Révolution. Le cimetière contigu n'est pas indiqué. Dans cette rue Saint-Pierre, en face de l'hôtel d'Auberive, était la maison du prieuré d'Époisses (2), de l'ordre de Grandmont, dont le nom est conservé dans une ruelle à angle droit qui met en communication les rues Chabot-Charny et Saint-Pierre. Un peu plus loin, du même côté, vers l'ouest était l'hôpital Saint-Jacques dont l'entrée était dans la rue dite aujourd'hui du Petit-Potet. Cet hôpital avait été fondé non en 1580 comme il est dit dans le *Guide pittoresque de Dijon* de Goussard, mais en 1380 par Jean Tallenot. En 1645, en même temps que ceux des autres hôpitaux particuliers, ses biens seront réunis à

(1) *Aujourd'hui Pasteur.*

(2) Époisses, commune de Bretenières, canton de Genlis, arrondissement de Dijon.

l'hôpital du Saint-Esprit pour constituer l'Hôpital Général. La rue du Petit-Potet longeait les murs du Castrum gallo-romain, et quand la démolition de ceux-ci fut ordonnée par Philippe le Bon, des habitations s'élevèrent rapidement sur l'emplacement des fossés.

L'hôtel de Vergy fut celui d'une des plus illustres familles de la noblesse bourguignonne. Les Vergy tiraient leur nom, depuis longtemps éteint, du château fort de Vergy situé sur une crête rocheuse étroite, entourée de tous côtés de profondes et larges vallées. Si bien qu'un sire de Vergy, ambassadeur en Espagne, disait que toutes les moissons des royaumes de S. M. Catholique ne suffiraient pas à remplir les fossés de son château. Rasé sous Henri IV, le château s'élevait dans le massif des montagnes à l'ouest de Nuits et appartenait autrefois au bailliage de cette dernière ville; aujourd'hui ses ruines nivelées sont du territoire de Ruelle-Vergy, canton de Gevrey-Chambertin, arrondissement de Dijon. Alix, fille de Hugues de Vergy, épousa le duc de Bourgogne Eudes III, mort en 1218; elle fut la tutrice de son fils Hugues IV âgé de six ans à la mort de son père, et a laissé une mémoire vénérée. Alix de Vergy mourut en 1251 après trente-trois ans de veuvage et fut inhumée à Cîteaux, où reposaient les princes de la première race ducale, la race capétienne.

L'hôtel de Vergy était dit aussi de la Sénéchaussée parce que la charge de Grand Sénéchal fut pendant pusieurs siècles héréditaire dans cette famille; ensuite il passa par héritage aux Chabot, et c'est là que dans les derniers jours d'août 1572, sous la présidence du comte de Chabot-Charny (1), lieutenant général du roi en Bourgogne, fut tenu le conseil mémorable dans lequel sur la proposition de l'avocat Pierre Jeannin, il fut décidé que l'on surseoirait aux ordres verbaux apportés de Paris pour l'extermination des huguenots. C'est ainsi que Dijon et la Bourgogne furent préservés des horreurs de la Saint-Barthélemy.

De la rue du Grand-Potet ou Pautet, aujourd'hui partie méridionale de la rue Buffon, partait pour aboutir au rempart une ruelle, dite de la Bussière, dont nous avons parlé plus haut.

Près de là, au n° 20, était l'hôtel de La Bussière. La maison aux Singes (2), l'ancien Hôtel-de-Ville, se voyait à l'angle des rues des Singes, partie médiane de la rue Chabot-Charny, et du

(1) Léonor Chabot, comte de Charny et de Buzançois, seigneur de Pagny, Grand Écuyer de France, mort en août 1597, était le fils de Philippe Chabot, comte de Charny et de Buzançois, seigneur de Brion, amiral de France, gouverneur de Bourgogne et de Normandie, ambassadeur en Angleterre, mort en 1543. Il subsiste encore de l'hôtel de Chabot un pan de mur à bossages, au n° 69 de la rue Chabot-Charny, où une plaque consacre le souvenir du conseil mémorable tenu en ce lieu en août 1572. L'entrée de l'hôtel présentait des chapiteaux carrés portant les ancres, insignes de la dignité d'amiral; un d'eux a trouvé asile au musée de la Commission départementale des Antiquités.

(2) La maison aux Singes, ou du Singe tirait son nom d'une de ces enseignes qui remplaçaient le numérotage; celle-ci consistait, semble-t-il, en un singe jouant avec une boule. La ville, en faisant de la maison au

Chastel, de l'École-de-Droit aujourd'hui. Une ruelle dite de la Truie-qui-File, partait de la rue des Singes et aboutissait à celle du Grand-Potet en longeant la muraille du Castrum, elle n'existe plus depuis des siècles. Au bec des rues du Grand-Potet et des Singes, nous avons dit que la légende du plan indique sous la lettre X, cinq tours de l'ancienne enceinte, mais on n'en distingue que trois, et encore !

En remontant vers le nord on rencontrait à droite, dans la rue Saint-Étienne — partie haute de la rue Chabot-Charny — d'abord en face de la rue du Chastel, voici, dans une partie où la voie très étroite et des plus irrégulières ne sera élargie que sous la Restauration, au n° 49 de la rue Chabot-Charny, le pressoir de la Sainte-Chapelle dont les bâtiments et les cours non caractérisés sur le plan, atteignaient à la muraille du Castrum ; de celui-ci, il existe encore un morceau en arrachement dans la maison particulière qui a remplacé le pressoir. Puis, en remontant vers le nord et du même côté, en face de l'hôtel de Vienne, plus tard aux Joly de Blaisy, aujourd'hui maison Blondel, n° 32, était l'hôtel d'Esbarres ou des Barres, reconstruit au XVII^e^ siècle et dont le corps de logis principal au

singe l'Hôtel de Ville, prit des singes comme supports de ses armes. Ces armes étaient d'abord des gueules plein, mais Philippe le Hardi y ajouta, on l'a dit, le chef de son écu ducal.

*En 1899, un décret présidentiel a ajouté à ces armes la croix de la Légion d'Honneur.*

n° 43, offre un bel exemple de ce style du XVII^e siècle que l'on pouvait appeler parlementaire et dont il existe tant d'échantillons dans la ville. Puis venait le vaste enclos de l'abbaye Saint-Étienne, avec son église surmontée d'une haute flèche; les bâtiments claustraux s'étendaient et s'étendent encore, mais renouvelés, au sud; à l'est, ils reposent sur la muraille du Castrum, le jardin encore existant, atteint la rue Buffon actuelle. C'est là qu'en février 1390, eurent lieu des joutes magnifiques en l'honneur du roi Charles VI de passage à Dijon avec sa cour (1). L'entrée du pourpris abbatial était, est encore au point où la rue Saint-Étienne débouchait sur la place de ce nom, en face de la rue des Bons-Enfants. Dans la rangée de maisons modernes qui délimitent le contour de l'enclos, s'ouvre la haute et large ogive où s'inscrit la porte charretière; la voussure montre béants les trous par lesquels on manœuvrait la herse. Au dessus, entre deux cercles portant les monogrammes *Jesus-Christus* on lit cette inscription en caractères du XV^e siècle *Ave sancte Stephane*. La porte des piétons à droite, n'a disparu que tout récemment. Cette entrée donne accès dans la cour dite aujourd'hui de l'Ancien-Évêché (2), après avoir été la cour Saint-Étienne.

(1) *Entrée du roi Charles VI à Dijon sous Philippe le Hardi et réjouissances en Bourgogne, février 1390*, par Ernest PETIT DE VAUSSE. — Dijon, Darantiere, 1885.

(2) Quand l'évêché de Dijon fut démembré de celui de Langres, l'église Saint-Etienne devint la cathédrale et l'abbatiale, le palais épiscopal.

Sur la place, à peu près dans l'axe de la rue Saint-Étienne, un gros piédestal carré porte une croix entre les statues de la Vierge et de saint Jean; il y avait aussi une fontaine, mais elle n'est pas visible ou le dessinateur l'a oubliée. La rue Legouz-Gerland ouverte à la Révolution pour mettre en communication les rues Chabot-Charny et Buffon, sera prise sur la lisière méridionale de l'enclos.

Au nord de l'église abbatiale, dont le sanctuaire dépassait la muraille du Castrum sur l'emplacement de la rue Vaillant, autrefois place Saint-Vincent, puis rue Saint-Michel, existait avec son cimetière la petite mais très ancienne église Saint-Médard; c'était une paroisse dont la circonscription égalait celle du Castrum. Elle disparut à la fin du XVIIe siècle, et le service paroissial fut transféré en l'église voisine Saint-Étienne. Rien dans le plan de Bredin ne répond à Saint-Médard non plus qu'à la vieille chapelle Saint-Vincent dont le nom s'est conservé dans une cour voisine.

Bien que touchant presque à l'abbaye Saint-Étienne, l'église Saint-Michel était en dehors du Castrum et faisait face à la porte orientale de celui-ci, démolie peu avant 1574. La forme que lui donne Bredin est absolument fantaisiste, ainsi l'abside polygonale apparaît carrée; on ne distingue rien de la façade, dont le pignon central était déjà élevé, mais les tours ne dépassaient pas les deux premiers étages; les deux autres et les coupoles ne seront terminées qu'au siècle suivant. Rien du cimetière qui s'étendait au nord et à l'est. Au milieu de l'espace libre se dresse un piédestal carré portant une croix accostée d'une Vierge et d'un saint Jean. Au sud de l'église sur la petite place triangulaire au devant du transept, est une autre croix mais sans les figures accessoires.

Il ne faut pas chercher à l'est de Saint-Michel le couvent des Minimes qui ne se sont établis à Dijon qu'en 1599.

En résumé, le *Vray pourtraict de Diion* est un document curieux mais qu'il ne faut consulter qu'avec les plus expresses réserves. Il ressort de l'examen auquel nous nous sommes livré, que l'exactitude n'était pas le fort des dessinateurs de ce temps. Et on peut dire que c'est à la photographie que nous devons ce besoin impérieux de précision dont nous sommes à bon droit possédés aujourd'hui. Les vues pittoresques, trop pittoresques des époques suivantes, notamment celles de Lallemand dans la seconde moitié du XVIII^e^ siècle, pour serrer d'un peu plus près la vérité que l'œuvre de Bredin, laissent encore beaucoup à désirer, et en descendant le cours des temps, les vignettes de M. de Mimeure, les dessins de l'architecte Antoine, fin du XVIII^e^ siècle, même les lithographies plus voisines de nous du *Voyage pittoresque en Bourgogne* qui est de 1833 pour le 1^er^ volume, *Côte-d'Or*, et de 1835 pour le second, *Saône-et-Loire*, ne sont pas à l'abri de tout reproche; les monuments d'ailleurs y sont rendus avec une recherche évidente d'exactitude archéologique et monumentale, mais les paysages, les ensembles sont souvent empreints de ce goût de l'arrangement que nous avons eu beaucoup de peine à perdre. On cherchait à plaire aux yeux, plus qu'à fournir des documents sincères; soyons donc indulgents à Edouard Bredin et remercions-le d'avoir eu du moins l'intention de nous offrir un tableau tel quel du Dijon de son temps. Mais notons encore ceci : au XVIe siècle avant la construction des hôtels parlementaires qui dans la première moitié du suivant, commenceront à s'élever en grand nombre, Dijon est une ville de bois; or le travail trop conventionnel employé par Bredin n'en laisse rien soupçonner.

## III

### DIE STAT UND DAS SCHLOSS DYSION. ANNO DOMINI 1595, MENSE MAIO (1).

La gravure sur cuivre qui porte ce titre n'est pas, à proprement parler, un plan de Dijon; mais nous croyons devoir en parler ici parce qu'elle donne une image de la ville au XVIe siècle, et est citée dans la *Bibliographie bourguignonne*, de Philibert Mil-

(1) La ville et le château de Dijon. Mois de mai.

sand, p. 352. L'exemplaire visé est donné comme appartenant à la collection privée de M. Joseph Garnier, archiviste départemental (1). Particularité curieuse, cette gravure est retournée, et il faut la regarder dans un miroir pour remettre les choses en leur sens. C'est une de ces vues cavalières donnant des faits militaires contemporains très en vogue en Allemagne et en France, au XVI^e siècle. Il s'agit de la prise de Dijon par l'armée royale en 1595. On sait que Paris avait ouvert ses portes à Henri IV dès le 22 mars 1594, mais Mayenne tenait encore pour la Ligue en Bourgogne et à Dijon. Toutefois, en 1595, le cercle se resserrait autour de la capitale du duché; enfin, le 28 mai, la porte Saint-Pierre s'ouvre au maréchal de Biron qui, en cheminant par les rues Saint-Pierre et Poulaillerie, débouche sur la place Saint-Jean, les Ligueurs abandonnent précipitamment la tour de Guise, la maison Tapeson — angle de la place Saint-Jean et de la rue Bossuet — la maison du Miroir, et se concentrent au château où commande pour Mayenne, Gilbert de Boyault de Franchesse, qui ouvre aussitôt le feu sur la ville, pendant que Biron commence le siège de la forteresse. Le 4 juin, Henri IV fait son entrée aussi par la porte Saint-Pierre; la

(1) *Après la mort de Joseph Garnier, 14 novembre 1903, le Die stat un das schloss Dysion, a été acquis par la Bibliothèque publique. La gravure qui a 21 c. de hauteur sur 280mm de large, a été pliée, mais est en bon état; l'origine en demeure inconnue.*

Chambre de Ville, conduite par le vicomte maïeur René Fleutelot, est allée à sa rencontre jusqu'à Saint-Apollinaire, village placé sur les hauteurs qui dominent Dijon, à l'est, à quatre kilomètres de la ville. Le 5, Henri est vainqueur à Fontaine-Française, combat plutôt que bataille qui aura de grands résultats; le 12 juillet, Talant, où commande le vicomte de Tavanes, est rendu par lui ou plutôt vendu au roi; enfin, le 29, Franchesse rend le château moyennant une indemnité de 20.000 écus. La feu de la forteresse avait eu pour principal objectif le palais ducal où résidait le roi; les traces des projectiles se voient encore sur la tour de la Terrasse et les cheminées des cuisines. Ces souvenirs rappelés, examinons la gravure.

Le château, on le remarque tout d'abord, occupe une place démesurée, le dessinateur l'a singulièrement grossi par rapport à la ville. Il est, du reste, représenté avec très peu d'exactitude; ainsi, on a donné à la tour Saint-Martin — nord-est — une forme carrée, et la tour Notre-Dame — sud-est — semble hexagonale. Comme dans le *Vray Pourtraict* manque le fer à cheval extérieur, et c'est une raison pour supposer que nous pourrions bien avoir ici une adaptation de l'œuvre de Bredin. La bannière de la Ligue est arborée sur la courtine du nord, entre les tours Saint-Martin et Saint-Bénigne.

Pour les dehors, ils sont fort semblables à ceux

du *Vray Pourtraict*; il en est de même de l'intérieur; toutefois, le dessinateur a supprimé ou simplifié les abords de la forteresse assiégée. On remarquera les nombreux soldats abrités derrière des gabions, qui ont ouvert le feu contre le château. Celui-ci riposte de toutes ses embrasures; les Ligueurs font une sortie et le pont-levis est couvert d'une troupe en marche.

Dans la rue des Singes, partie médiane de la rue Chabot-Charny, on voit Henri IV s'avancer à cheval avec une nombreuse escorte, il semble se pencher pour donner la main à un personnage à pied et incliné, peut-être le vicomte maïeur. La cérémonie de l'hommage est donc reportée dans la ville même. La queue de l'escorte n'a pas encore franchi le pont-levis extérieur de la porte Saint-Pierre; on voit parmi les cavaliers, Biron reconnaissable à son bâton de commandement; au-dessous, pour qu'on n'en ignore, sont gravés ces mots : *Mons Birrons wollck*, « troupe de M. de Biron ». Enfin, au nord, en arrière du Château, l'artillerie royale a mis en batterie huit pièces, elle est appuyée par un corps d'infanterie et fait feu sur la courtine du château où flotte le drapeau des Ligueurs; dans l'éloignement, une autre batterie est aussi en position d'attaque. Entre les deux, le graveur a écrit : *Navarische leger.*

A part la largeur exagérée des fossés de l'enceinte et le grossissement sans doute intentionnel du château, la perspective est assez bonne et les détails, notamment ceux des fortifications avec les bastions garnis de canons, sont bien rendus. A l'intérieur, parmi les édifices, on reconnaît l'abbaye de Saint-Bénigne, Saint-Jean, la croix de Morimond et le moulin sur le Suzon, la tour de Guise, les Cordeliers, Notre-Dame, Saint-Pierre, Saint-Michel avec ses tours inachevées, ce qui, nous l'avons dit, est exact à cette date, le palais ducal, les halles Champeaux, la croix du coin des Cinq-Rues, etc.

Au bas de la gravure, qui a de largeur 0m 28 sur 0m 21 et les trois quatrains suivants, dont l'intérêt historique est à peu près nul, mais que nous croyons devoir donner ici pour être complet :

*Die Stat in Burgund gnant Dision,*
*Geborig zu der Frantschen Kron,*
*Vil gwalts und grosse muttwiln mit*
*Von dem Mainischen kriegsuolck litt.*

*Welchs auff das Schloss fo ad der Stat,*
*Mehr Knecht zu sich genomen hat.*
*Falln rauss, die burger mit gedreng*
*Freibn in ein ort der Stat gar eng.*

*Die stat vmb hulff Navarrum bitt,*
*Biron zu helssen soumet nit :*
*Das Schloss bescheuft, die Knecht ziehn ab,*
*Dision Navarro oich ergab* (1).

(1) Malgré le peu d'importance de cette poésie, nous en donnerons la tra-

# IV

## PLAN DE DIJON PAR TOUVIN DE ROCHEFORT

C'est à l'obligeance de M. Joseph Garnier, archiviste du Département, que nous devons la communication de ce plan qui, comme la gravure précédente, fait partie de sa collection particulière (1). En voici le titre, tel qu'il se lit, à l'angle supérieur de gauche :

DIJON
CAPITALLE DE BOURGOGNE ET SES
ENVIRONS
LIX
PLAN DE DIJON PAR LE Sr TOUVIN DE ROCHEFORT.

*duction due à l'obligeance de M. le vicomte Auguste d'Avout, membre de la Société bourguignonne de Géographie et d'Histoire :*

*La ville de Bourgogne nommée Dijon*
*Appartenant à la couronne de France*
*Avec grande violence et pétulance*
*Souffrit de la part de l'armée de Mayenne*

*Qui dans le château aussi bien que dans la ville*
*A placé beaucoup de soudards à lui ;*
*Ils se jettent dehors, poussent en foule les bourgeois*
*Dans un endroit de la ville fort étroit.*

*La ville appela le Navarrais à son aide,*
*Biron se glorifie de la secourir ;*
*Le château capitule, les soudards détalent,*
*Dijon se rendit au Navarrais.*

(1) *A la mort de M. J. Garnier, en 1903, sa bibliothèque a été dispersée et nous ne savons en quelles mains a passé le plan de Touvin de Rochefort. M. Garnier disait n'avoir qu'un calque d'un original existant à Paris.*

A l'angle supérieur de droite :

A M$^{rs}$
LES PRÉSIDENTS, CONSEILLERS DU PARLEMENT
DE BOURGOGNE.

Il mesure 712 millimètres de largeur sur 500 de hauteur et s'étend à l'ouest jusque et y compris la Chartreuse ; à l'est, au-delà de Champmaillot, clos avec habitation à la base des pentes qui commandent la ville de ce côté. La partie nord des faubourgs est sacrifiée à celle du sud qui s'étend jusqu'aux Blanchisseries. L'échelle approximative est de 1 à 4280.

Nous avons ici un véritable plan en projection, comme ceux que l'on dresse de nos jours ; à ce titre, il est précieux et doit être considéré comme l'un des premiers qui aient été construits dans ces conditions. Nous aurions vivement souhaité d'y rencontrer l'exactitude géométrique que l'on exige toujours dans les ouvrages de ce genre ; malheureusement nous avons à faire, à ce sujet, les plus expresses réserves.

L'exemplaire que nous avons eu sous les yeux est manuscrit, nous pensons que c'est une copie ne remontant pas au-delà de la fin du XVIII$^{e}$ siècle. Cette opinion nous est suggérée par l'examen des caractères du titre, qui sont entièrement de fantaisie, d'un goût assez médiocre, et n'appartiennent à aucun des genres anciens. Nous ignorons si ce plan a été gravé et n'avons pu, jusqu'à présent, nous procurer aucun renseignement sur l'auteur. On peut se demander si le nombre LIX, inscrit en chiffres romains dans le titre, ne serait pas un numéro d'ordre d'une série dont le plan de Dijon formerait la 59e planche. Il ferait alors partie d'un ouvrage considérable auquel Touvin de Rochefort aurait collaboré. Mais quel serait cet ouvrage?

Quoi qu'il en soit, le dessin de ce plan a été quelque peu négligé; beaucoup de lignes, notamment celles des chemins, ne sont pas tracées à la règle et au tire-ligne. La surface des parties bâties est teintée en rose; une teinte verte couvre les fossés de l'enceinte fortifiée et quelques grands jardins. Les édifices publics, les églises, couvents sont représentés avec le détail de leurs bâtiments; l'auteur a même eu l'attention d'indiquer la disposition des toitures au moyen de teintes fondues d'encre de Chine. Cette même teinte se retrouve encore au sommet des glacis et sur les faces des demi-lunes en terre, dont elle indique les pentes extérieures.

Le plan ne porte pas de date et nous avons cherché naturellement à la déterminer au moins par à peu près. Or, on y trouve la rue Brulard, ouverte en 1641, le couvent du Refuge, édifié entre les années 1651 et 1653, enfin, le cours du Parc, planté en 1671; donc le plan n'est pas antérieur à cette dernière date. D'autre part, on n'y voit pas la place Royale créée dans sa forme demi-circulaire actuelle par l'architecte Noinville, en 1686; manquent aussi le couvent du Bon-Pasteur, établi en 1681, et la maison des Lazaristes qui est de 1682. Donc, le plan de Touvin de Rochefort a été levé entre les années 1671 et 1681.

Fortifications. — Le système défensif de la ville est réalisé; outre les trois grands bastions d'angle et le fer à cheval de la porte Saint-Pierre, le mur d'enceinte est protégé dans toute sa périphérie par neuf demi-lunes : deux portent le nom de Saulx, rempart de la porte Saint-Nicolas à l'ancienne porte Chanoine; de Richelieu, rempart de la porte Chanoine à la porte Saint-Pierre; Saint-André, Saint-Antoine et du Sel, au rempart du midi; Saint-Georges et de Raines, au rempart de la porte d'Ouche à la porte Guillaume, rempart de la Miséricorde; de Fermerot, entre le château et la porte Saint-Nicolas. Ces ouvrages avancés sont protégés, comme le corps de la place, par de larges fossés, enfin un chemin couvert enveloppe le tout des zigzags de ses glacis, sauf pourtant au faubourg d'Ouche. Mais celui-ci est protégé à l'ouest par une demi-lune avancée, dite de l'Hôpital ou des Privilégiés (1), ainsi nommée parce qu'elle fut construite en 1636 à l'aide d'une contribution levée sur

(1) L'ouvrage dont il s'agit, qui conserve encore sa forme, est le jardin de l'Hôpital.

les privilégiés, c'est-à-dire le Clergé et la Noblesse d'épée et de robe. Enfin, à la pointe sud-ouest de l'enceinte, un ouvrage important, la contre-garde de Guise, protégeait les dehors du bastion de ce nom. En 1785, il servit pendant quelques années de cimetière à l'hôpital, l'emplacement en est occupé aujourd'hui par l'abattoir.

La ville n'a encore que quatre portes (1) : les portes d'Ouche, Guillaume, Saint-Nicolas et Saint-Pierre; celles qui étaient restées fermées depuis le siège des Suisses sont : les portes des Granges à la tour Saint-Georges ou Jean Rasoir, à l'ouest; aux Asnes; Bouchefol ou Fermerot, rue de la Préfecture; Chanoine, rue Jeannin; Neuve, rue Chancelier-L'Hospital; Fondoire, rue du Chaignot, et Nanxion, à l'extrémité de la rue Berbisey. Remarquons en passant, que la tour de Raines est à peine indiquée sur le plan de Touvin de Rochefort.

Extérieur de la ville. — L'ancien *Hôpital du Saint-Esprit* est désigné sous le titre de Vieil hospital; il fait face aux moulins situés sur la rive opposée. En avant du pont se trouve l'abattoir, construction sur pilotis élevée en 1538. A côté, sont les bâtiments de l'hospital général, déjà considérables. Après avoir franchi le deuxième bras de l'Ouche, sur le pont aux Chèvres, pont où

(1) Nous ne comptons pas la porte *du Faucon*, qui était située hors des murs au faubourg Raines.

viennent aboutir plusieurs bifurcations, le chemin de Beaune s'élargit et s'éloigne de la ville entre deux rangées d'arbres; une autre voie se détache à gauche, traverse les deux bras de la rivière, contourne la contre-garde de Guise et se dirige vers la porte Saint-Pierre en côtoyant les vignes qui le bordent au midi; c'est aujourd'hui la rue du Gaz (1).

Une partie du quartier dit aujourd'hui « en l'Ile », est occupée par un enclos rectangulaire renfermant quatre petits bâtiments désignés : « Anciens logements des soldats. » A côté se trouve un autre bâtiment plus grand, sans doute un reste de l'ancienne Léproserie.

Un autre des chemins partant du pont aux Chèvres va aboutir à l'ouest au prieuré de Larrey, ancienne abbaye de filles remontant à l'année 1078, et qui subsista jusqu'à la fin du XIVe siècle, époque à laquelle des moines ayant été substitués aux religieuses, elle devint un simple prieuré uni à l'abbaye Saint-Bénigne en 1709. Il a été dit que Larrey est aujourd'hui un hameau du canton nord de Dijon.

Sur l'autre rive de l'Ouche, nous voyons la Chartreuse de Champmol, précédée du côté de la Ville, d'une belle avenue plantée, partant de l'extrémité ouest du faubourg Raines et coupant dans la plus

(1) *Actuellement du Transvaal.*

grande longueur l'enclos des Chartreux. Les différents bâtiments claustraux sont bien détaillés, ainsi que les jardins, pièces d'eau, etc., mais le grand cloître au milieu duquel se dresse le Puits de Moïse ou des Prophètes, n'est représenté qu'à moitié, toute la partie à l'ouest se trouvant en dehors du cadre du plan. Du monastère part le ruisseau dit des Chartreux qui arrose l'enclos et va se jeter dans l'Ouche un peu en amont des moulins. Un autre cours d'eau, le ruisseau de Raines ou de Renne, sort des rochers sur le bord du chemin de Plombières, hors de l'enclos et près de l'entrée principale du monastère. Il forme presque immédiatement l'étang L'Abbé et coule ensuite du côté de la Ville, jusqu'à la hauteur de l'hôtel des Arquebusiers, passe dessous, traverse du nord au midi le jardin de l'Arquebuse, et rejoint le ruisseau des Chartreux, dont nous venons de parler. Nous avons dit que ce ruisseau de Renne pénétrait anciennement dans la ville en passant sous une voûte de la tour de ce nom.

En dehors de l'avancée de la porte Guillaume, nous ne voyons d'autres constructions que le corps de garde, mais cinq chemins partent en éventail de cette porte; ce sont : 1° à gauche un chemin qui côtoie les demi-lunes de Raines et Saint-Georges pour rejoindre la porte du Faucon, puis la porte d'Ouche; la partie sud de cette voie est représentée actuellement par la rue de l'Arquebuse; — 2° le grand chemin de Plombières, qui dessert d'abord les lavoirs publics de l'étang l'Abbé avant d'arriver au grand portail de la Chartreuse. Un peu avant l'étang, il se détache de ce chemin une petite voie qui suit le côté gauche du cours d'eau ; passe devant l'hôtel des Arquebusiers et aboutit au chemin venant de la porte d'Ouche, c'est exactement le tracé de la route actuelle depuis qu'elle a été déviée pour faire place à la gare du chemin de fer ; — 3° en face, le chemin des Perrières dont le tracé se rapproche sensiblement de celui de la rue actuelle ; — 4° le grand chemin de Saint-Seine dont se détachent, au pâtis de la Charmotte (1), deux rameaux : l'un à droite vers Fontaine, l'autre à gauche vers Talant ; — 5° enfin, à droite, un chemin qui contourne le Château, passe dans les terrains où s'élève maintenant le faubourg Saint-Bernard et arrive au cours de Suzon qu'il remonte le long de sa rive droite, sans l'avoir traversé. Du carrefour de la Charmotte part aussi un chemin qui vient rejoindre celui-ci au nord du Château, après avoir desservi la partie septentrionale des terrains dans lesquels on a établi, en 1783, le cimetière que nous appelons l'ancien cimetière depuis la création de celui des Péjoces, au sud (2).

(1) La Croix de la Charmotte, élevée au carrefour et que l'on trouve sur les plans postérieurs, ne figure pas sur celui-ci.

(2) *L'ancien cimetière, aujourd'hui désaffecté, a fait place à un quartier en formation.*

Le faubourg Saint-Nicolas n'ayant pas trouvé place en entier dans le cadre du plan, la partie sud avoisinant la ville y est seule représentée : les maisons n'y sont pas indiquées, mais le tracé des rues s'y voit à peu près tel qu'il est aujonrd'hui. Nous avons dit plus haut, qu'à la date du plan, la porte Chanoine et la porte Neuve, extrémité de la rue Chancelier L'Hospital étaient encore fermées; il en résulte que le chemin qui part du faubourg Saint-Nicolas et enveloppe la ville à l'est, est obligé de se prolonger jusqu'au faubourg Saint-Pierre pour rencontrer une issue donnant accès dans l'intérieur. Le tracé de cette voie de ceinture ne se retrouve guère aujourd'hui qu'en une faible partie représentée par une portion de la rue Saint-Lazare (1). Le chemin qui vient de Mirande se divise en deux branches : celle qui aboutissait précédemment à la Porte Neuve, s'infléchit légèrement vers le sud et rejoint le chemin de ceinture au point où celui-ci atteint le faubourg Saint-Pierre; l'autre branche longe le clos de Champmaillot et aboutit au même chemin de ceinture, à la hauteur de la porte Chanoine, point par où il pénétrait en ville avant 1513.

C'est ici le cas de signaler l'absence inexplicable dans notre plan du cours extérieur de Suzon appelé les Vieux-Terreaux, déviation qui remonte à la

(1) *Aujourd'hui rue Baudin.*

fin du XIV$^{e}$ siècle. Nous n'y trouvons non plus ni la Nitrière, ni la Motte-Saint-Médard, ni les Argentières, ni l'hôtel du commandeur de Norges, ni enfin les restes de l'hôtel de Theuley, donné à l'abbaye Saint-Étienne dès 1224. Ces lacunes regrettables ne peuvent être attribuées qu'aux graves négligences que l'on remarque dans l'ensemble du travail de Touvin de Rochefort, en ce qui touche l'extérieur de la ville.

Nous avons déjà dit que le cours du Parc figurait au plan dont il s'agit; le tracé des rues du faubourg Saint-Pierre s'y trouve également, sans changement avec l'état actuel. Du reste, à l'exception de la chapelle de Sainte-Croix, édifiée en 1482, sur le grand chemin d'Auxonne, aucune construction n'est indiquée pour ce faubourg. Cependant, il s'était déjà considérablement relevé depuis l'incendie ordonné pour la défense de la ville en 1513.

Intérieur de la Ville. — Si nous n'avons pu passer sous silence des négligences graves à l'extérieur, nous reconnaissons volontiers que la partie intra-muros a été l'objet de plus de soins et tout en maintenant nos précédentes réserves au sujet de l'exactitude géométrique, nous avons la satisfaction de rencontrer une précision suffisante dans les grandes lignes; enfin, il doit être tenu compte à l'auteur de ce que le premier, il nous a donné une planimétrie complète de la ville, alors que longtemps encore après lui, au moins pour les édifices publics et les établissements religieux on se bornera à en figurer une vue perspective plus ou moins fantaisiste.

Ne croyant pas nécessaire d'entrer dans un examen détaillé du plan de Touvin de Rochefort, nous nous bornerons à quelques remarques essentielles.

Le plan ne contient pas le nom des rues, mais les édifices publics, églises, monastères et autres y sont tous nominativement désignés. C'est ainsi que nous y trouvons, la cour de Clairvaux, la Visitation, l'église Saint-Nicolas, avec deux cimetières, les Jacobins et le marché établi rue de la Grande Poissonnerie (Musette) — à l'angle de la rue des Champs, aujourd'hui des Godrans — l'église Notre-Dame et son cimetière, les Anciens Chartreux, le vieux logis du Miroir à l'angle de la rue des Godrans et de celle de la Liberté, la Maison du Roy et son jardin sur la place des Ducs de Bourgogne, la Sainte-Chapelle. L'Hostel de Ville (Archives départementales) — Saint-Vincent, Saint-Michel, les Minimes, Saint-Bénigne, les P. P. de l'Oratoire, les Jacobines (1), l'Hôpital Saint-Fiacre, Saint-Étienne, les Ursulines, les Dames de Saint-Julien, les Jésuites (collège), le Palais, la Chambre des Comptes, le Bureau des

(1) Par suite d'une erreur matérielle, le plan porte : les Jacobins. La forme de l'ancienne église est encore sensible dans les constructions occidentales qui s'élevaient sur la place d'Armes, en arrière des arcades de Noinville.

Trésoriers, la Magdelaine, la Chapelotte, le Morimont, les églises Saint-Jean et Saint-Philibert, chacune avec son cimetière, les Carmes, les Filles de Notre-Dame du Refuge, les Filles Sainte-Marthe, les Carmélites, les Bernardines, les Cordeliers et l'église Saint-Pierre, aussi avec son cimetière.

Des puits sont figurés (Puy) : 1° Au coin de la place Charbonnerie contre l'hôpital Notre-Dame ; 2° dans une autre encoignure de la rue de la Préfecture; 3° Dans la rue Poissonnerie, François-Rude; 4° Dans une petite place à l'angle des rues de l'Archerie — Saint-Martin — et Trousse-Cotte — Pouffier — Enfin, voici la fontaine de la place Saint-Étienne.

L'ilot de maisons entre les rues Vauban et de la Conciergerie — Hôtel Legouz de Gerland, aujourd'hui Stéphen Liégeard — n'est pas teinté en rose, nous ignorons pourquoi. La rue Prévot-Guillaume — Berbisey — se prolonge le long des jardins du Refuge jusqu'au pied du boulevard de Guise, mais, par contre, la rue du Refuge — de la Manutention qui part de la rue Porte-d'Ouche — Monge — s'arrête à la rue Berbisey et ne se continue pas encore jusqu'au rempart. Enfin, le collatéral nord de l'église Saint-Étienne n'est pas flanqué de maisons, et dans le vaste emplacement qui précède le portail de Saint-Michel on ne voit figurer ni ce qui restait de Saint-Médard, ni le cimetière qui bordait au nord l'église Saint-Étienne.

Telles sont les rapides remarques que nous a suggérées l'examen du plan de Touvin de Rochefort, voyons maintenant celui qui le suit dans l'ordre chronologique.

## V

### PLAN DE L'ANCIENNE ET NOUVELLE VILLE DE DIJON.

Il est vraisemblable que c'est à la publication de l'*Histoire de l'Abbaye de Saint-Étienne* que l'on doit le plan de Le Pautre et il a dû être spécialement dressé pour l'ouvrage de l'abbé Fyot.

Destiné à être inséré dans un livre, il est d'un format restreint, trop restreint peut-être, et ne semble pas avoir été tiré à part; en outre, on ne connaît de l'auteur aucun travail analogue.

Mesurant 355 millimètres de largeur sur 255 de hauteur, dans le cadre, il ne s'étend que jusqu'aux fortifications et souvent même le saillant des glacis extérieurs n'y est pas compris. L'échelle est approximativement celle de 1 à 4400 et l'on peut regretter qne Le Pautre n'ait pas employé une échelle plus petite qui lui aurait permis de donner, sous la même surface, le plan des faubourgs et toute la zone extérieure environnant la ville. Nous verrons plus loin, à propos du plan édité par De Fer, les conséquences de ce défaut d'étendue.

Le titre du Plan de Le Pautre, tel que nous le donnons ci-dessus se trouve en tête et à gauche dans un fort joli cartouche, tandis que l'échelle en PIEDS DE FRANCE, PALME ROMAIN ET PIEDS D'ESPAGNE est au bas à gauche du plan, dans un autre cartouche d'un dessin original et élégant. Du côté opposé, sous le cadre on lit : *Le Pautre fecit 1696.* La légende est également sous le cadre dont elle occupe toute la largeur. Elle contient la mention de tout ce qui est figuré dans le plan.

Ce qui, à première vue, caractérise le plan de Le Pautre, c'est le tracé de l'ancienne enceinte des murs du Castrum et ses 33 tours, « conformément à l'*Histoire ecclésiastique de Grégoire de Tours* », porte la légende. Les murailles et les tours sont figurées en élévation ; elles forment bien le périmètre généralement considéré comme exact à la suite des fouilles pratiquées à diverses époques. Ce tracé n'est interrompu qu'au nord dans la partie occupée par le palais ducal (1).

(1) La construction du palais ducal, parce que appuyé à l'enceinte du *Castrum*, a entraîné d'abord la démolition de la muraille romaine, puis des travaux de déblaiement et de nivellement, tant pour le palais avec ses cours et dépendances, que pour l'établissement du jardin sur les anciens fossés, c'est-à-dire sur les terrains formant aujourd'hui la place des Ducs de Bourgogne. Aucune fouille n'ayant été pratiquée sur ce point, il peut rester une incertitude de quelques mètres sur le tracé que suivait autrefois la muraille. On croit généralement cependant, qu'elle servait de base à la face nord du palais de Philippe le Hardi qui subsiste encore aujourd'hui et ferme la place des Ducs de Bourgogne, du côté du midi.

*Des fouilles effectuées en 1905 sous la galerie de Bellegarde élevée au* XVII^e^ *siècle en prolongement de la salle des Gardes qu'elle unit à la tour de*

Le plan de Le Pautre est le premier dans lequel on trouve les noms de la plupart des rues. Outre le cours naturel du Suzon, il indique aussi le tracé du cours romain qui s'en détache en amont des Jacobins, traverse la rue Musette près la place Notre-Dame, puis la rue des Forges à la hauteur de la Porte-aux-Lions, pénètre dans le Castrum, coule vers le sud par la place Royale, l'îlot de l'hôpital Saint-Fiacre, le palais du Parlement, et sort du Castrum par la muraille dite des Sarrasins au point où avait été le premier palais des Ducs ou gouverneurs. De là, il franchit successivement les rues derrière les Jésuites — du Petit Potet — et Saint-Pierre et arrive aux fossés de la nouvelle enceinte entre la tour Saint-André et la porte Saint-Pierre (1).

*Bar, ont fait rencontrer les bases ensevelies de la muraille romaine. Il a été constaté que celle-ci ne se trouve pas sur l'alignement de la paroi extérieure de la salle des Gardes, mais sur celui de la face septentrionale de la tour dite de Bar. Cette constatation permet de restituer avec sûreté la ligne générale du Castrum au nord. En effet, pour aller de la tour existant encore rue Longepierre, 4, à la façade de la salle des Gardes, en passant par les points repérés à travers la place Rameau et l'aile orientale de l'Hôtel de Ville, il fallait briser singulièrement la ligne de l'enceinte, au-delà de toutes les conditions vraisemblables. Le relevé fait par M. Deshérault, architecte de la Ville, confirme ce fait recueilli de la bouche de M. Joseph Garnier, que dans une fouille ancienne pratiquée sous le passage allant de la cour de Bar à la place des ducs de Bourgogne, on avait retrouvé la muraille du Castrum en arrière de la paroi extérieure. Il est difficile de comprendre pourquoi les ducs capétiens n'ont pas profité de cette embase solide pour asseoir la paroi de leur nouveau palais, mais la chose est ainsi.*

(1) Il n'est pas douteux qu'avant l'an 600, c'est-à-dire avant d'être reporté à l'ouest du *Castrum*, dans son lit naturel, le ruisseau de Suzon, à sa sortie des murailles, continuait de couler vers le sud, à peu près parallèlement à la rue des Moulins, et que probablement il rejoignait l'Ouche vers le coude formé par cette rivière en amont du moulin Saint-Étienne.

Le plan de Le Pautre ne mentionne pas une autre dérivation du Suzon, dont la trace a été constatée en creusant les fondations du Théâtre et qui, d'après certains auteurs, rejoignait la première dérivation en descendant la place Saint-Étienne et la rue Philippe-Pot (1).

Nous avons dit plus haut que l'extérieur de la ville ne se trouvait pas dans le plan de Le Pautre : on n'y voit en effet qu'une portion du pont d'Ouche et du moulin contigu ; des amorces des rues du faubourg Raines et de la Grenouille ; la porte du Faucon et la butte qui la joignait, enfin l'extrémité orientale du bâtiment des Arquebusiers.

Les fortifications y sont l'objet d'un soin particulier ; toutes les tours et guérites en pierre, — celles-ci remontant seulement au XVIIe siècle — de l'enceinte ; les créneaux des murailles, les bastions, demi-lunes, chemins couverts et glacis ont l'aspect de travaux neufs et sont figurés avec une précision géométrique.

Enfin, dans l'intérieur de la Ville, le plan de Le Pautre donne en perspective, le palais ducal,

(1) Nous ne partageons pas l'opinion de ces auteurs : selon nous, cette dérivation, dont la direction était du nord-ouest au sud-est, avait pour lit naturel une légère dépression de terrain que représenterait aujourd'hui, assez exactement, les rues Vaillant, Buffon et Chancelier-L'Hospital. Un peu plus loin, à la hauteur du Bon Pasteur, elle recevait à gauche, un petit cours d'eau venant du nord et formé par la réunion des nombreuses sources qui émergeaient des coteaux de Montmuzard, de Champmaillot et des Argentières. Ces petits cours d'eau se déversaient dans le cours extérieur de Suzon dit les Vieux-Terreaux, créé au XIVe siècle.

le Château, la tour de Guise, les portes d'Ouche, Guillaume, Saint-Nicolas et Saint-Pierre, les églises paroissiales et celles de tous les établissements religieux de la ville.

Claude Fyot, l'auteur de l'*Histoire de l'Église abbatiale et collégiale de Saint-Étienne de Dijon*; Dijon, Ressayre, 1696, in-folio, né le 9 octobre 1630, mort le 17 avril 1721, fut pendant plus d'un demi-siècle abbé de Saint-Étienne. Quant à l'auteur du plan, il appartenait certainement à la famille parisienne des Le Pautre qui a fourni maints artistes distingués et en des genres divers à la seconde moitié du XVII^e^ siècle et à la première du XVIII^e^; on le peut identifier avec Pierre II, architecte et graveur, dont le nom se rencontre précisément à des dates concordantes avec celles du plan, mais dont on ne sait pas grand'chose.

## VI

PLAN DE L'ANCIENNE ET NOUVELLE VILLE DE DIJON.

*A Paris, chez le S^r^ de Fer, dans l'isle du Palais sur le quay de l'Orloge à la Sphère Royale avec Privilège du Roy 1705.*

Largeur 34 centimètres, sur 24 de hauteur.

« Ce M. De Fer, qui était un fort bon homme, « dit Lenglet du Fresnoy, a beaucoup gagné « d'argent en chargeant de divers ornemens assez

« amusans, les cartes géographiques qu'il a fait « graver en grand nombre et avec propreté (1) ».

Nous savons en effet que, sans parler du plan de Dijon, cet éditeur a publié un assez grand nombre d'ouvrages géographiques. Mais cette nomenclature n'est pas de notre sujet.

Quant au plan dont il s'agit, De Fer s'est borné à copier servilement et assez mal, celui de Le Pautre, dont il a aussi réduit l'échelle. Il a placé à gauche le titre qui était à droite et loin d'y ajouter des « ornements amusants », il a retranché une partie de ceux qui existent sur la planche et supprimé ceux du cartouche entourant les échelles. La légende a été également supprimée et les indications en ont été reportées sur le plan même, avec certaines adjonctions quelquefois malheureuses, par exemple pour le Grand-Hôpital qui se trouve placé au nord de l'Ouche et séparé de l'hôpital du Saint-Esprit par le lit de la rivière.

En réduisant à une plus petite échelle le plan ainsi copié, De Fer a obtenu un espace qui lui aurait permis de figurer une partie des faubourgs mais comme il ne possédait sans doute aucun document en dehors de ce qu'avait publié Le Pautre, il n'a rien trouvé de mieux que de remplir cet espace par des terrains en culture, sans

(1) *Méthode pour étudier l'Histoire*, X, 32. Nicolas Lenglet du Fresnoy savant ecclésiastique, né à Beauvais en 1674, mort en 1755.

se soucier de ce qui pouvait s'y rencontrer de bâtiments.

Toutefois, dans la partie sud-ouest où Le Pautre n'avait donné, faute de place, qu'une amorce des rues de la Grenouille et du faubourg Raines, De Fer a cru pouvoir les prolonger parallèlement vers l'ouest jusqu'au cadre de son plan, dans l'ignorance où il était que la première de ces deux rues forme bientôt un coude très prononcé et vient rejoindre l'autre.

Quant au jardin de l'Arquebuse, il fait absolument défaut : De Fer n'en connaissait pas l'existence; mais comme il était obligé de continuer le bâtiment des Arquebusiers dont Le Pautre n'avait pu donner que l'extrémité orientale, il n'a pas hésité à dessiner l'édifice fantaisiste que chacun peut voir sur son plan.

Et, malheureusement, ce n'est pas tout; l'exiguïté que nous avons signalée et regrettée dans le travail de Le Pautre, n'avait pas permis d'y comprendre le confluent des cours de l'Ouche et de Suzon au pied du bastion de Guise, et encore moins le lit de la rivière en aval. De Fer n'était pas dans le même cas, et il pouvait, il devait indiquer ce cours de l'Ouche avec le faubourg bâti sur les deux rives, mais pour cela, il aurait fallu venir sur place et voir les lieux. De Fer n'a certainement rien vu car il a commis une énorme bévue de plus : après avoir allongé démesurément jusqu'au cadre de son papier, la face sud de la contrescarpe de Guise et supprimé d'un seul coup le faubourg et la rivière d'Ouche, il a simplement réuni bout à bout le cours de celle-ci et celui de Suzon. De sorte que l'on se trouve en présence d'un cours d'eau venant de Plombières (à l'ouest) contournant la ville au sud et à l'est, et se dirigeant au nord vers Messigny, à moins pourtant que ce ne soit tout le contraire, c'est-à-dire une rivière venant de Messigny et s'écoulant vers Plombières après avoir contourné Dijon. On a le choix : aucune flèche n'indiquant la direction des eaux.

En résumé, De Fer n'a pas dressé de plan de Dijon; celui qu'il a édité est une copie réduite du plan de Le Pautre; le peu qu'il y a ajouté ne vaut guère, et quelquefois ne vaut absolument rien.

Ce plan est cité dans la *Bibliographie* de Milsand, p. 352, où est rapportée la fiche de la Bibliothèque publique de Dijon, F. BT. 72. Milsand donne la date de 1754, ce qui est une faute d'impression. Une autre mention se trouve au supplément de 1888, p. 57, *Plan de l'ancienne et nouvelle ville de Dijon, 1705*, in-fol. Cabinet G. Fourier.

## VII

PLAN DE LA VILLE ET DES ENVIRONS DE DIJON
DÉDIÉ
A SON ALTESSE SÉRÉNISSIME MONSEIGNEUR LE DUC
PAR SON TRÈS HUMBLE ET TRÈS OBÉISSANT SERVITEUR
C. INSELIN, GÉOGRAFE (*sic*).

Largeur dans le cadre 0m83, hauteur 0m57.

Au moment même où De Fer mettait en vente la copie, arrangée par lui, du plan de Le Pautre, c'est-à-dire vers 1705, le géographe C. Inselin faisait aussi paraître le plan dont nous venons de donner le titre. Ce n'est point là son principal travail, car on cite de lui une *Carte des Iles Britanniques*, une autre des *XVII Provinces des Pays-Bas*, une *Carte de la France*, une *Carte de l'Espagne et du Portugal*, toutes en deux feuilles, et une *Carte du Territoire de Saint-Denys*, très rare, qui se trouve dans l'*Histoire de l'abbaye de Saint-Denis* par Félibien. « Cet habile auteur, dit Lenglet du Fresnoy, composait et gravait lui-même ses cartes; elles sont exactes et fort détaillées, mais peut-être un peu trop chargées ».

Nous ignorons si Inselin a publié d'autres plans que celui de Dijon, encore faut-il remarquer que la légende de celui-ci se termine par ces mots :

« Ce Plan a esté leve sur les lieux par M. Denoin-
« ville Architecte et Ingénieur du Roy, Inspecteur
« des Ouvrages publics de la Ville de Dijon et
« revüe par M. Gambu, Arpenteur Juré des Eaux
« et forest de Dijon, le tout gravé par Inselin ».
Ce texte ne laisse aucun doute : Inselin s'est borné à graver le plan dont il s'agit et que pourtant l'on appelle communément *Plan d'Inselin*, appellation que nous lui conserverons. C'est aussi à cet auteur qu'il faut attribuer les charmants ornements qui décorent le titre, la légende, le carton de la Colombière et les échelles.

Il est établi à peu près au 5000e, mais les dimensions du cadre ont permis d'embrasser une étendue assez considérable en dehors de la ville, depuis l'étang des Chartreux à l'ouest jusqu'à Montmuzard à l'est, inclusivement, et à peu près autant du nord au sud.

En tête, se trouve une « Veüe de Dijon du cotté de la venue de Paris » ; la ville y étend la dentelure de ses principaux édifices et ses innombrables clochers. Cette jolie vue est l'œuvre de Gambu qui l'a dessinée sur place.

Une *Carte des Environs de Dijon*, d'un rayon de 12 à 14 kilomètres est aussi au-dessus du cadre à gauche. De même que le plan, cette carte n'est pas orientée plein-nord ; on y trouve les villages, châteaux, chapelles, prieurés, etc., compris dans la zone déterminée, mais l'exactitude laisse à désirer (1) et l'orthographe des noms de lieux est souvent fautive.

Les deux angles inférieurs sont occupés par une légende où il est question de « Dijon, ville capitale « de la Bourgogne, première Pairie et Duché de « France », province qui a « depuis longtemps l'honneur d'être sous le gouvernement des *Princes du Sang Royal de l'auguste Maison de Bourbon* ». L'auteur dit que cette ville a été fondée par « Marc Aurèle Antonin le philosophe »; que saint Polycarpe, « évesque » de Smyrne ayant envoyé dans les Gaules saint Irénée et saint Bénigne, ce dernier qui annonça l'Évangile à Dijon, y souffrit le martyre en l'an 173 (2). Cette même légende signale: 1° l'ancienne église de Saint-Étienne élevée en 343 sur la crypte souterraine où se réunissaient les premiers chrétiens au temps des persécutions; 2° l'agrandissement de la Ville à la suite de l'incendie de 1137; 3° la nouvelle enceinte embrassant le quartier du bourg saint-Bénigne et l'abbaye de ce nom dont l'église, construite dès le VI^e^ siècle, se trouve sur le tombeau même du martyr; 4° la Sainte-Chapelle des ducs où l'on conservait une Sainte Hostie envoyée à Philippe le Bon par le pape Eugène IV, en 1430; 5° le château bâti par Louis XI;

(1) Notamment, on y voit la rivière *la Norge* se jeter dans la *Tille*, en amont d'Arc-sur-Tille.

(2) Si cette date était aussi certaine que l'affirme l'auteur, la question des origines dijonnaises aurait fait un grand pas, mais elle ne l'est pas.

6° le palais du Parlement; 7° l'église des Chartreux renfermant les tombeaux des Ducs de Bourgogne, etc., etc. Enfin, la légende mentionne deux petites montagnes peu éloignées de Dijon, célèbres, l'une par la forteresse de Talant, l'autre par le château et le bourg « où le grand saint Bernard est né ».

Un plan du Parc de la Colombière, « éloigné de la ville de 680 toises » se trouve également compris dans le cadre du plan. Ce dessin qui représente le Parc dans son état primitif, et sans l'allée circulaire percée en 1811, n'est pas exact dans son ensemble : il forme un rectangle trop allongé et l'allée circulaire dont nous venons de parler, qui est une circonférence parfaite n'y pourrait être tracée qu'en lui donnant la figure d'une ellipse. D'après ce plan, il existait dans l'Ouche, un peu en aval du point où aboutit l'allée centrale, une petite île sur laquelle était jeté un pont en bois unissant les deux rives.

Bien qu'à une échelle plus réduite, la planimétrie de la partie urbaine se rapproche sensiblement, dans le plan d'Inselin, de celle de Le Pautre. Dans Inselin, tous les noms de rues, places, édifices, monastères, tours, bastions, etc., sont écrits sur le plan à leurs places mêmes. On y reconnaît, au moins dans leurs grandes lignes, les édifices encore existants ; mais tandis que Le Pautre s'est borné à donner, en élévation les chapelles des couvents d'hommes et de femmes, Inselin détaille avec soin leurs bâtiments, cours et jardins, et quelquefois aussi le cimetière, comme pour l'abbaye Saint-Bénigne. Enfin, il a ajouté le *Palais du Parlement*, les hôtels du *Petit Clervaux* (*sic*), de *Cennecey* (*sic*), de la *Toison*, de *Saint-Mesmin*, de *M. le Premier Président*, etc.

Nous avons dit que le plan d'Inselin embrasse une zone assez étendue en dehors de la Ville. On y trouve en effet : le cimetière de l'hôpital, alors sur le chemin de Larrey, le clos des Chartreux, traversé dans toute sa longueur par une large avenue plantée, l'étang d'où sort le cours du Renne qui longe extérieurement l'enclos de la Chartreuse jusqu'à l'hôtel des Arquebusiers, et se rend de là dans l'Ouche en suivant le tracé indiqué par le plan de Touvin de Rochefort, c'est-à-dire par l'enclos de l'Arquebuse, la Saussaye, la Renouillère et les jardins du faubourg. C'est dans les prés de la Renouillère que le ruisseau de Renne reçoit à droite celui des Chartreux, qui naît dans l'enclos près de l'étang. A côté de la Saussaye se trouve la butte contiguë à la porte du Faucon.

Sur le côté nord du chemin de Plombières est un grand *clos de vignes* entouré de murs et, plus près de la ville, une éminence sur laquelle s'élève une haute croix ; c'est à peu près l'emplacement du réservoir actuel des fontaines. Plus loin, sur le chemin de Paris à la bifurcation de celui de Fontaine, dans un petit terrain vague, est plantée une autre croix dite de la Charmotte. — De là partait encore un chemin rejoignant, derrière le Château, celui qui reliait la porte Guillaume au faubourg Saint-Nicolas.

Aucune construction ne s'élevait en dehors de la porte Guillaume et comme le faubourg Saint-Bernard n'existait pas, il en résulte que, sauf un « coulombier » bâti près des glacis du Château, tout l'espace compris entre la route de Paris et le cours de Suzon était occupé par des cultures. On n'y voit aucune trace de la fontaine signalée par M. Vallot, qui prenait naissance vers le creux Guêtré et versait ses eaux dans les fossés du Château.

Au faubourg Saint-Nicolas, l'îlot, bordé à l'est par l'avenue Garibaldi actuelle, amorce de la route de Langres, et à l'ouest par la promenade de l'ancien Cours Fleury, se composait de jardins, mais il existait un foulon sur la rive gauche du Suzon, à la hauteur de la rue Gagnereaux. Le faubourg Saint-Nicolas est entièrement compris dans le plan. Vers le pont des Capucins, entre la route et le Suzon, se trouve encore une croix. De ce même pont partait un chemin, aujourd'hui disparu, qui se dirigeait obliquement sur l'hospice de la *Maladière*.

Ici Inselin commet une erreur : ayant donné le nom de chemin d'Is-sur-Tille à la route de Langres, il appelle chemin de Langres celui de Ruffey. Même erreur en ce qui touche la rue Parmentier, autrefois Sainte-Catherine, à laquelle il donne le nom de rue Sainte-Madeleine qu'elle n'a jamais porté.

Indépendamment du faubourg Saint-Nicolas où existait une faïencerie et où le couvent des Capucins figure avec ses vastes jardins, on trouve encore dans le plan : l'enclos de l'ancienne Maladière, celui de la Boudronnée, le château, les jardins et le parc de Montmuzard, minutieusement reproduits, la motte Saint-Médard, aujourd'hui disparue, Champmaillot, etc. Le faubourg Saint-Michel n'existe pas et, comme la porte Chanoine (plus tard porte Neuve) n'est pas encore rouverte, il en résulte que les divers chemins de desserte avoisinant la ville à l'est, sont loin d'avoir le tracé de ceux d'aujourd'hui ; ils se dirigent soit vers la porte Saint-Nicolas, soit vers la porte Saint-Pierre.

Le faubourg Saint-Pierre aussi est compris en son entier dans le plan d'Inselin. On y trouve figurés : la maison de Saint-Lazare, entre la rue de ce nom et les glacis de la place ; — la chapelle de la Belle Croix, sur le chemin d'Auxonne, le cours de la Colombière ou du Parc et une croix dite *Croix Machefer*, à la bifurcation de la rue Bordot et de la rue des Moulins, ce qui est une erreur (1). Entre la tour Saint-André et la porte Saint-Pierre,

(1) Remarquons en passant que le plan du cadastre donne le nom de Croix Machefer à celle qui se trouve sur le bord de la route près la barrière de Longvic. C'est la désignation exacte.

on retrouve l'amorce du cours d'eau, figurant au plan de Le Pautre, comme étant l'ancien cours du Suzon à travers le castrum. On y remarque aussi la *Flaque d'eau de Fonteny* entourant les deux faces du bastion ou aide de Fondoire.

Enfin, en terminant l'étude de ce plan, on trouve à l'ouest, entre les deux bras de l'Ouche, l'Isle de la Maladière, dans lesquels il reste quelques bâtiments de l'hospice des Pestiférés, devenus ceux du jeu de l'Arbalète ; les cibles servant aux exercices des chevaliers sont à côté. Cette propriété, au sud du faubourg d'Ouche, a son entrée près du « Déchargement » c'est-à-dire à la hauteur du glacis de la contre-garde de Guise, où se trouve un pont sur le cours principal de l'Ouche.

## VIII

### PLAN DE LA VILLE ET DES ENVIRONS DE DIJON
DÉDIÉ
A SON ALTESSE SÉRÉNISSIME MONSEIGNEUR LE DUC,
PAR SON TRÈS HUMBLE ET TRÈS OBÉISSANT SERVITEUR
DE BAURAIN, GÉOGRAPHE ORDINAIRE DU ROY.

Quand on a sous les yeux un plan portant le titre que voici ; que, d'autre part, on sait que le chevalier de Beaurain a publié un certain nombre d'ouvrages géographiques, cartes et plans de villes (1), on est fondé naturellement à penser que ce plan de Dijon est une de ses œuvres. C'est cependant à peu près une erreur. En effet, divers plans de Dijon portent, au titre, le nom de Beaurain : celui de la Bibliothèque publique, par exemple, n'est qu'une reproduction très peu modifiée du plan dit d'Inselin, dressé par Noinville et Gambu. Pour un autre, édité en 1790, on s'est borné à y adapter le travail de Mikel dans la partie extra-muros, enfin, il a été fait, dans la suite des tirages de ce dernier plan, et c'est un exemplaire d'un tirage postérieur à 1831, soi-disant revu, que possèdent les Archives départementales de la Côte-d'Or, 15027 (I) carton 2. — Bibliographie de Milsand, p. 352.

(1) On signale parmi les ouvrages de M. de Beaurain :
Plan de la ville et des forts de Saint-Pétersbourg, 1737;
Plan de la ville de Moskou, 1739;
Environs de Vienne (contenant de grands détails);
La Poméranie, une feuille;
Le marquisat de Brandebourg;
Plan de la ville et des environs d'Hanovre;
Carte de la Westphalie, 1757;
Le Duché de Juliers, 1757;
Le Landgraviat de Hesse, en 3 feuilles et demie;
La Wétéravie, 1760;
Le Haynault;
Le Roussillon;
Le Diocèse de Grenoble;
L'Ile de Cuba;
La Martinique;
L'Histoire militaire de la Flandre, de 1690 à 1694, d'après les mémoires manuscrits du maréchal de Luxembourg, etc., avec cartes (Méthode pour étudier l'Histoire, déjà citée).

Plan de la Bibliothèque publique. — Le tirage a été fait sur une planche fatiguée; on s'explique ainsi comment on a été obligé de renouveler, en la rajeunissant, la gravure des régions excentriques, car c'est là pour ainsi dire l'unique changement apporté au travail d'Inselin, après avoir, toutefois, retranché son nom du titre pour y substituer celui de Beaurain. Tout le reste est identique : *Vue de la ville*, par Gambu, en tête; *Environs de Dijon*, au-dessus à gauche; *Plan du Parc*, en bas, ornements, accessoires, etc. La légende elle-même est restée mot à mot et ligne pour ligne celle d'Inselin; on y a conservé la mention attribuant le levé du terrain à MM. Denoinville et Gambu, mais on a eu soin de faire disparaître le passage suivant contenant les mots : « le tout gravé par Inselin », puis on a intercalé en bas, un cartouche portant : « A Paris, chez le sieur de Beau- « rain, géographe ordinaire du Roy, quay des « Grands Augustins, proche la rue Pavée. » Enfin, on a opéré quelques rectifications et changements; ainsi, la Croix Machefer dont nous avons parlé plus haut a été supprimée rue des Moulins, mais non reportée rue de Longvic, ce qui serait exact — le mot *Planche* remplace le mot *Pont* sur le Suzon près des Capucins; le mot Déchargement (pour Déchargeoir) a disparu au-dessous de la contre-garde de Guise; on a écrit « Hôtel Saint-Louis » à côté de l'hôtel de Vergennes, rue Bossuet; on a figuré quelques arbres dans le clos de vigne sis sur le chemin de Plombières et voilà tout.

**Plan de 1790.** Vers cette époque, on a senti la nécessité de retoucher la planche gravée par Inselin et d'y apporter les modifications nécessaires pour la mise en vente.

Tout d'abord, on a augmenté le titre en y ajoutant en tête le mot : « Nouveau » (1), ce qui a donné *Nouveau Plan de la Ville et des Environs de Dijon, dédié.....* etc. On a remplacé les indications de l'éditeur par celles-ci : « A Paris, chés le sieur Desnos, Ingénieur Géographe, rue Saint-Jacques, au Globe, 1790. » Les dessins qui entouraient le plan du Parc ont été supprimés pour permettre d'y placer le château de la Colombière, mais tous les accessoires ont été conservés tels que les avait gravés Inselin. — La légende elle-même continue de mentionner que le plan a été dressé par M. Denoinville et revu par M. Gambu, puis on ajoute : « et corrigé Sur celuy levé en 1759 par les « Ordres de Messieurs les élus généraux de Bour- « gogne et de Messieurs les maires et echevins de la « ditte ville (2). » Cette dernière explication était nécessaire, car ce qui caractérise le plan de 1790,

(1) Ce mot remplace le millésime *1705*; il est comme lui, coupé en deux par une Croix de Saint-Louis, faisant partie des ornements du titre.

(2) Il s'agit ici du plan de Mikel dont il sera question plus loin.

c'est l'adaptation qui y est faite du travail de Mikel, surtout en ce qui concerne les faubourgs et leurs jardins. Cette application présentait une certaine difficulté, par suite du défaut de conformité dans les lignes de la planimétrie et de la différence des échelles.

Le travail n'a pas dû être effectué par M. de Beaurain, qui était certainement mort à cette époque (1) ; mais le dessinateur qui en a été chargé l'a fort bien exécuté. On peut toutefois lui reprocher d'avoir laissé au chemin de Ruffey le nom de chemin de Langres, alors que Mikel appelait *Grande Route de Langres*, la voie qui va de l'ancienne porte Saint-Nicolas au pont des Capucins (avenue Garibaldi aujourd'hui).

L'application du plan de Mikel à la partie intramuros était plus difficile encore en raison de ce que les édifices qui sont nombreux, se trouvent représentés en élévation, tandis que Mikel en donne la projection horizontale ; aussi s'est-on borné aux rectifications indispensables, résultant de la réouverture de la porte Chanoine, du percement de la rue Condé, du prolongement de la rue du Refuge. On a ajouté : les Pères de l'Oratoire, le Séminaire, l'Hôtel de Saulx, l'Exercice de l'Arbalète, rue Maison Rouge, puis on a écrit les noms du Petit

(1) On doit, en effet, considérer comme impossible que M. de Beaurain ait pu, en 1790, rectifier lui-même, le travail qu'il avait publié 85 années avant, c'est-à-dire en 1705, date de son plan.

Cîteaux, des Halles, etc., mais on a laissé le Palais des États tel qu'Inselin l'avait dessiné bien que pourtant ce palais terminé fût devenu assez différent de ce qu'il était.

TIRAGES POSTÉRIEURS. — La preuve de l'existence d'un ou plusieurs tirages de ce plan, postérieurs à 1790, est établie par l'exemplaire déposé aux Archives Départementales qui porte, sous le titre, la mention suivante : « Corrigé et augmenté un 1831 ». Malgré cette annotation, ce plan n'est que la reproduction de celui de 1790; on n'y trouve, en effet, aucune trace de mise au courant; tous les établissements religieux supprimés lors de la Révolution y sont maintenus, tandis que l'on n'y voit aucun des édifices construits depuis cette époque, pas plus que les nouvelles rues créées à la suite de la vente des biens nationaux, savoir : la rue Docteur Maret, à travers les jardins de l'abbaye Saint-Bénigne; les rues de Clairvaux et Chantal, aujourd'hui James Demontry, ouvertes sur les terrains de l'hôtel de Clairvaux; la rue Legouz-Gerland, tracée dans ceux de l'abbaye Saint-Etienne, les rues Odebert, Févret (1) et Quentin, percées dans les Jardins des Jacobins, enfin les rues Turgot et Franklin ouvertes dans ceux des Cordeliers.

Ces derniers tirages étant donc une reproduction

(1) La construction des Halles centrales a fait disparaître la rue Févret dont le nom a été reporté au faubourg Saint-Pierre.

pure et simple du plan de 1790, il n'y a rien à ajouter à ce qui a été dit au sujet de ce dernier.

## IX

### PLAN GÉOMÉTRAL DE LA VILLE DE DIJON

LEVÉ EN 1759, PAR LES ORDRES DE MM. LES ÉLUS GÉNÉRAUX DE BOURGOGNE ET DE MM. LES MAIRE ET ÉCHEVINS DELADITE VILLE, PAR LE SIEUR MIKEL, INGÉNIEUR GÉOGRAPHE DU ROY ET LES VUE ET ORNEMENS DESSINÉS PAR LE S[r] LE JOLIVET, ARCHITECTE SOUS-INJÉNIEUR DES PONTS ET CHAUSSÉES DE BOURGOGNE. GRAVÉ A PARIS PAR JEAN ....... EN 1761, RUE SAINT-JACQUES, A LA VILLE DE BORDEAUX, AVEC PRIVILÈGE DU ROY.

Cette inscription se lit sur une bannière à l'angle supérieur de droite.

On voit par ce titre un peu long que le plan de Mikel est une œuvre officielle et dont les frais d'établissement ont été partagés entre la Province et la Ville; les délibérations des Élus, comme celles des Échevins de cette époque, contiennent en effet, plusieurs allocations destinées au paiement de ce remarquable travail.

L'échelle adoptée se rapproche de 1 à 3.000, elle serait à peu près : 1 à 2.900. C'est la plus grande qui a été employée pour les anciens plans de la ville, puisque la réduction au 1/2000[e] du plan général d'alignement dressé en 1840 et 1841 par M. Mouzin-Gérardot, est un travail moderne (1).

Le plan de Mikel, *Dédié à Son Altesse Monseigneur le Prince de Condé,* est établi sur deux planches réunies et mesure dans le cadre 1$^{m}$ 05 sur 0$^{m}$ 74. En tête, se trouve une grande vue de la ville gravée à part sur une feuille appliquée sur les deux autres. La dédicace est inscrite dans l'angle supérieur de gauche sur une banderole, au-dessus d'un trophée groupé autour d'un écu ovale aux armes des Condés. Il est assez singulier qu'on n'y voie pas celles de la ville. A l'angle inférieur du même côté, un groupe de figures allégoriques porte l'écu de la Bourgogne. A l'angle opposé de droite, sont d'autres figures dont une naïade couronnée de tours. Sur les côtés sont des médaillons présentant : à gauche, la *Place royale* avec la statue équestre de Louis XIV; les *Places Saint-Vincent et Saint-Étienne,* avec les églises Saint-Michel et Saint-Étienne; le *Portail des Bernardines,* hospice Sainte-Anne; à droite : le *Palais des États,* c'est-à-dire la salle des États, et le bâtiment où se trouve le grand et bel escalier de Gabriel; on remarquera que la façade se prolonge au-delà du passage couvert communiquant avec la cour de l'ouest, dite aujourd'hui cour des Pompes, bien que la cons-

(1) Le plan Lacordaire, publié en 1846, est à l'échelle de 1 à 3.000. Pour celui du cadasire, 1807 à 1810, l'échelle est de 1 à 1.250 et de 1 à 2.500; il comporte un grand nombre de feuilles et n'a pas été publié.

truction ne fût pas encore prolongée jusque-là; la *Place Notre-Dame* avec le portail de l'église, enfin, le *Portail Sainte-Marie*, l'église aujourd'hui détruite de la Visitation, rue de la Préfecture actuelle, autrefois Sainte-Marie; la maison de la Visitation répond à celle qu'occupent les dames Sainte-Marthe. Ces médaillons suspendus à des rubans de style dit Louis XVI et sans doute aussi les autres ornements et les figures sont l'œuvre de l'architecte Charles-Joseph Le Jolivet, alors sous ingénieur de la Province, plus tard architecte des États (1).

Le plan, comme les précédents, n'est pas orienté rigoureusement, la fleur de lis de la boussole indique le nord à l'angle supérieur de droite.

L'œuvre de Mikel est de premier ordre et peu de villes peuvent montrer un plan aussi beau que celui-ci : l'exécution est excellente; enfin la planimétrie, d'une exactitude rigoureuse. C'est donc un document inestimable pour la connaissance de la ville au XVIIIe siècle. Les grands hôtels parlementaires, ceux des abbés, les établissements religieux sont étudiés avec le plus grand soin; les églises et chapelles figurées dans les plus minutieux détails.

Aux faubourgs, les maisons et cours sont indiquées séparément, comme dans un plan cadas-

(1) *Né en 1727, il succéda, comme architecte des États, à son père, Charles Elie, et mourut à Paris, sur l'échafaud révolutionnaire, en 1794.*

tral, avec le dessin des jardins en plus. Toutes les plantations des remparts, des chemins couverts, boulevards, avenues, etc., sont soigneusement dessinées, enfin on voit que l'auteur n'a rien négligé pour faire de son plan une œuvre parfaite.

Comme étendue, le plan de Mikel embrasse une moindre surface que ceux dits d'Inselin et de Beaurain, par suite de l'espace occupé sur les côtés par les remarquables vignettes de Le Jolivet. C'est ainsi que les Chartreux ne s'y trouvent pas compris. Le ruisseau qui coulait à travers leur enclos a disparu et celui de Renne, qui depuis longtemps ne vient plus dans la ville, descend du nord au sud et entre dans la Renouillère, où il alimente les bassins et réservoirs à poissons du monastère ; c'est à partir de ce point qu'il est désigné, dans le plan, sous le nom de « Cours de l'Arquebuse ».

Le chemin de ceinture, bordé d'arbres, qui va de la porte Guillaume aux Capucins, est appelé route de Paris par Langres. Le Cours Fleury, nouvellement planté, se nomme Cours Saint-Nicolas, tandis que la grande avenue de quatre rangs d'arbres, qui s'étendait du Pont aux Chaînes, route de Gray, à la maison de la Retraite (prison départementale) y est appelée : Cours neuf de Fleury. Une partie de cette avenue existe encore aujourd'hui sous le nom de boulevard Voltaire anciennement allée de la Retraite.

Le faubourg Saint-Nicolas, alors beaucoup moins

étendu qu'aujourd'hui, se trouve à peu près compris en son entier dans le plan de Mikel, ce qui a permis à celui-ci d'y porter, entre autres les noms des rues dénommées aujourd'hui Marceau et Parmentier : il appelle rue Sainte-Catherine la première, et rue Sainte-Marguerite, la seconde, c'est-à-dire exactement l'inverse de ce qui était, il y a peu d'années encore, inscrit, sur les plaques indicatives de la voirie. Ces deux noms de rues, en effet, ont été souvent intervertis dans les plans de Dijon, anciens et nouveaux, et l'auteur du plan général d'alignement, lui-même, s'est affranchi à leur égard de l'obligation de respecter les dénominations adoptées pour les plaques municipales. La confusion a donc continué d'exister jusqu'au jour où l'administration a donné à ces rues leurs noms actuels. Cependant le compte rendu des travaux de la Commission des Antiquités pour l'année 1845-46, Tome III, page VI, contient une note de laquelle il résulterait que M. Garnier aurait fourni la preuve tirée des anciens plans et des titres écrits que, jusqu'à l'année 1800 (1), les deux rues en question s'étaient nommées respectivement rue Saint-Catherine — rue Marceau — et rue Saint-Marguerite — rue Parmentier — Cette preuve a dû être puisée surtout dans les documents écrits, car

(1) Il y a peut-être ici une erreur, puisque pendant la Révolution ces rues s'appelaient rues *Vendémiaire* et *Brumaire*, et qu'en l'an II elles avaient reçu ceux de rue *Germinal* et rue *Floréal*.

celles que fournissent les anciens plans ne sont rien moins que concluantes.

Dans le faubourg Saint-Pierre, la maison de Saint-Lazare se voit encore dans la rue de ce nom, son transfert près de la Belle Croix, route d'Auxonne, n'ayant eu lieu qu'en 1769. Le cours du Parc est désigné : *Grand Cours de la Ville de 680 toises;* la plantation des quatre rangs d'arbres est faite, mais, du côté de la rue de Longvic, le fossé n'est creusé qu'en partie. Rue des Moulins, le petit château ou pavillon, dit le Castel, dont les beaux jardins sont contigus à la *Nouvelle pépinière de Muriers de la Province*, est appelé : « Castel Montigny ». Du même côté de la même rue des Moulins, se trouve *la Salpétrière*, qui occupe l'emplacement des maisons portant les n^os^ 36 et 38. Les plantations d'arbres des remparts et des bastions de Guise sont indiquées. Ainsi les murailles ne servaient plus que de promenades tout en continuant à figurer nominalement les défenses du royaume. La plupart des tours portaient des maisons fort recherchées pour la vue et le bon air.

Au faubourg d'Ouche, le grand ouvrage de défense dit : Contre-garde de Guise, existe où est actuellement l'Abattoir, et le cimetière de l'Hôpital qui devait le remplacer plus tard, se trouve encore le long du chemin de Larrey, port du canal. — Les bâtiments de l'*ancienne Maladrerie* en l'Ile se voient à côté du clos où avaient lieu précédemment les

exercices du Jeu de l'Arbalète, alors transportés rue Maison-Rouge — Berbisey. — L'ancien hôpital du Saint-Esprit, fondé par le duc Eudes III sur les bords de l'Ouche, n'est pas encore démoli; enfin, on remarque une large flaque d'eau, appelée Cours de Renne, entre la demi-lune de Saint-Georges et le chemin de ceinture, en face de la *place de la Saussaye :* c'est un reste de l'ancien ruisseau, dévié pour l'établissement des ouvrages extérieurs de fortifications qui protègent ce côté de la ville.

En ce qui regarde l'intérieur de la Ville, le plan de Mikel contient de précieuses indications sur la consistance des vastes terrains affectés aux nombreux établissements religieux existant à cette époque à Dijon, ainsi que sur les églises et chapelles détruites au moment de la Révolution : Sainte-Chapelle, Saint-Pierre, Saint-Nicolas, la Chapelotte, l'Oratoire, etc. Il donne également la configuration d'un grand nombre d'hôtels particuliers, et il permet de juger du degré d'avancement du Palais des États uni à l'ancienne Maison du Roy. Mais il est muet en ce qui concerne : 1° les anciennes halles Champeaux; 2° la chapelle Saint-Vincent, dont il ne restait sans doute plus rien; 3° l'hôpital Saint-Fiacre où il y avait pourtant des bâtiments et une chapelle vendus comme biens nationaux sous la République.

Prises dans leur ensemble, les voies publiques sont sensiblement semblables à ce que nous voyons aujourd'hui. Cependant, nous remarquerons que la rue des Singes, partie de la rue Chabot-Charny comprise entre les rues Buffon et de l'École-de-Droit, est extrêmement étroite et de tracé très biscornu. Cet étranglement n'a disparu qu'au commencement du XIXe siècle; la ruelle en crochet très resserrée qui prolongeait au nord la rue du Cloître — celui de la Sainte-Chapelle — rue de Lamonnoye actuelle, a été élargie seulement à la fin du XVIIIe siècle et a même porté alors le nom de place Moussier. On remarquera que l'entrée de la rue Saint-Fiacre — Vauban aujourd'hui — a été ouverte par la suppression de deux arcades de la place Royale; à l'origine, toutes étaient pleines, continues et s'ouvraient seulement au passage des rues et pour donner accès à des cours à l'ouest.

Entre les rues du Griffon (1) — Chaudronnerie — et Devant les Halles, Mikel a laissé vides, comme terrains non bâtis, deux îlots de maisons fort anciennes, c'est donc une simple omission et sans conséquence.

Le palais épiscopal actuel n'est pas indiqué; il ne sera construit, en effet, pour être l'abbatiale de Saint-Bénigne, qu'un peu plus tard, par le dernier abbé Poncet de la Rivière. La mense abbatiale sera réunie à l'évêché en 1775.

(1) Ou peut-être rue Griffon, du nom d'une famille Griffon qui fournit deux vicomtes maïeurs à la ville au XIVe siècle, et possédait là son logis qui existe encore au n° 4.

La tour de Guise existe encore à l'angle méridional des rues Porte d'Ouche et du Refuge — rues Monge et de la Manutention aujourd'hui. — L'enclos du Refuge va jusqu'au Beau Rempart — de Tivoli — et au bastion de Guise.

Le grand et le petit cimetière Notre-Dame se voient au nord et au sud : celui de Saint-Jean est au midi de l'église; ce sont les seuls qui subsistent autour des églises paroissiales. Le jardin de l'évêché, qui dépend aujourd'hui de la maison rue Legouz-Gerland, 5, présente un de ces parterres que l'on nommait de *broderie*, avec pièce d'eau circulaire à l'extrémité. Au sud, une allée d'arbres sur plusieurs rangs limite le jardin là où passera la rue Legouz-Gerland nouvelle. On remarquera que sur la rue Buffon, la clôture fait une saillie courbe assez notable; le mur en retraite et en ligne droite ne date que d'environ soixante ans.

Le nom de/ cour Bara est écrit à tort au milieu de la cour d'honneur de l'hôtel que venait de construire, pour les Bouhier de Lantenay, l'architecte Nicolas Lenoir, dit le Romain. Cette demeure magnifique et qui, en Italie, serait qualifiée de palais, fut achetée par la Province en 1781 pour devenir l'Intendance, et depuis l'organisation départementale, est la Préfecture. Bien que construite en 1759, elle est déjà pleinement un échantillon de ce style monumental et décoratif dit mal à propos Louis XVI, et qui commença de fleurir en France plus de quinze ans avant la mort de Louis XV. La cour Bara correspondait au passage (1), condamné aujourd'hui, qui sépare l'hôtel de la Préfecture de la maison voisine, la maison Mairot, où sont installés les bureaux. Et puisque nous en sommes sur la Préfecture, disons que la salle du Conseil général se superpose à un ancien cellier cistercien à deux nefs, qui dépendait de l'hôtel de Clairvaux (2).

Le plan de Mikel porte le *Colombier du Château*, dont nous avons déjà parlé, ainsi que le *Foulon*, sur le Suzon, là où se trouve aujourd'hui le square du Cours Fleury.

Enfin, des numéros de renvoi sont affectés aux édifices figurés dans la vue panoramique qui, rapportée, surmonte le plan lui-même. Mais comme cette vue est prise du nord-ouest, les édifices y sont groupés dans un ordre inverse de celui qu'ils occupent dans le plan qui présente la ville du sud-ouest. Cet inconvénient a été évité dans la reproduction lithographique de la même vue, éditée vers 1835, par l'imprimerie Douiller, de Dijon. On y a joint, en effet, une légende avec numéros de renvoi, où les édifices sont énumérés selon leur place dans le dessin.

(1) Ces passages sont appelés à Dijon des *treiges*, mais c'est un mot local non compris ailleurs.

(2) *La construction récente d'un bâtiment destiné au Conseil général, a amputé la dernière travée, à l'ouest, de la salle et du cellier souterrain au dessous.*

Si l'on considère que les exemplaires du plan de Mikel deviennent de plus en plus rares, on est conduit à exprimer le vœu qu'un nouveau tirage soit fait des deux planches de cuivre existant aux Archives départementales, toutefois sans la vignette qui en est la partie la moins importante, puisque l'on y peut suppléer par d'autres images de même ordre. Le procédé d'aciération permettrait de tirer des épreuves en nombre aussi grand qu'on le voudrait, sans cependant arriver à trop déprécier la valeur marchande du document. A la vérité, et c'est une objection sérieuse, l'aciération ôte au cuivre son éclat et y substitue un ton noirâtre assez désagréable. Il appartient à l'administration départementale de décider de quel côté seraient l'avantage et l'intérêt.

---

Nous terminerons ici cette étude des anciens plans de Dijon; ceux qui ont été dressés dans la suite sont tous postérieurs au commencement de ce siècle et ne rentrent pas dans le cadre de notre étude sur le Dijon de l'ancien régime. Parmi eux, le premier en date est le plan cadastral levé vers 1807; mais ce plan, établi dans un but uniquement fiscal, n'a pas été publié, et laisse beaucoup à désirer à ceux qui étudient l'histoire locale. Ainsi, il ne comporte, pour la partie intra-muros, que le contour de chaque propriété, prise en bloc, au lieu de donner, comme cela s'est fait dans certaines villes dont le plan cadastral a été gravé et livré au public, la configuration détaillée des parties bâties, des cours, des jardins et la distinction des murs, palissades, haies et autres clôtures. La nécessité d'un nouveau cadastre se fait, il est vrai, de plus en plus sentir, si l'on veut arriver à une plus équitable répartition de la contribution foncière, et il serait à souhaiter que des opérations sérieuses et bien coordonnées fussent prochainement prescrites par les pouvoirs publics. Ce serait le seul moyen de remédier au mal qui empire chaque jour, et le seul aussi qui procurerait un bon plan de la ville. Mais il s'agit là d'une opération longue et dispendieuse et le vœu que nous formons ne paraît pas devoir être réalisé de sitôt.

L. BONNAMAS.

Achevé en janvier 1893.

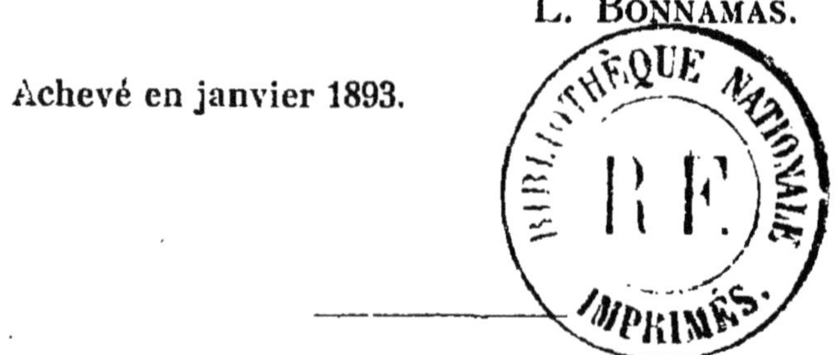

www.ingramcontent.com/pod-product-compliance
Ingram Content Group UK Ltd.
Pitfield, Milton Keynes, MK11 3LW, UK
UKHW022119190726
13855UKWH00003B/945